Brennpunkt der Moderne
Der Blaue Reiter in München

SERIE PIPER
Band 1000

Zu diesem Buch

Das Jahrzehnt von 1904 bis 1914 war entscheidend für die Entwicklung der modernen Kunst in Europa. Im Pariser »Salon d'Automne« von 1905 traten die »Fauves« erstmals in der Öffentlichkeit in Erscheinung, im selben Jahr wurde in Dresden die »Brücke« gegründet. Pablo Picasso und Georges Braque setzten sich mit dem Kubismus auseinander, Max Beckmann malte in Berlin seine Schreckensvisionen, und in München bildete sich 1911 die Künstlergruppe »Der Blaue Reiter«. Dies war zugleich die Geburtsstunde der abstrakten Malerei.

Dieses Jahrzehnt war auch das erste Jahrzehnt des am 19. Mai 1904 gegründeten Piper Verlages. Reinhard Piper widmete einen großen Teil seiner verlegerischen Schaffenskraft der »unblutigen Revolution der modernen Kunst«, wie Ernst Penzoldt es einmal ausgedrückt hat. Da lag es nahe, daß Franz Marc und Wassily Kandinsky ihren Almanach »Der Blaue Reiter« 1912 bei Piper herausbrachten. Ohnehin bestand bereits ein intensiver Kontakt durch die Arbeit an der 1911 erschienenen Stimmensammlung »Im Kampf um die Kunst«, die sich gegen reaktionäre und chauvinistische Tendenzen richtete.

Dieser Almanach wurde zur wichtigsten künstlerischen Programmschrift des 20. Jahrhunderts. Der Verlag entschloß sich, ihn als Faksimile 1976 nochmals nachzudrucken. In einer von Klaus Lankheit besorgten dokumentarischen Neuausgabe ist er bis heute lieferbar.

Rosel Gollek, geboren 1928 in Leverkusen; Kunsthistorikerin. Bis 1988 Konservatorin an der Städtischen Galerie im Lenbachhaus, München. Betreute ab 1972 die Sammlung »Der Blaue Reiter« und erstellte unter anderem den wissenschaftlichen Katalog dieser Saammlung.

Brennpunkt der Moderne
Der Blaue Reiter in München

Einführung und Bildauswahl
von Rosel Gollek

Mit 34 Farbtafeln
und 7 Schwarzweißabbildungen
im Text

Piper
München Zürich

Weitere Bände in der Serie Piper Galerie

Max Beckmann, Skulpturen (604)
Die Bernwardstür in Hildesheim (611)
Brücke · Aufbruch der Moderne in Dresden und Berlin (1276)
Paul Cézanne, Bilder eines Berges (615)
Marc Chagall, Arabische Nächte (605)
Salvador Dalí, Das Rätsel der Begierde (1206)
Dank in Farben (606)
Lyonel Feininger, Aquarelle (614)
Vincent van Gogh, In der Provence (1107)
Wassily Kandinsky, Frühe Landschaften (607)
Ernst Ludwig Kirchner, Großstadtbilder (1061)
Oskar Kokoschka, Städtebilder und Landschaften (1228)
August Macke, Aquarelle (610)
René Magritte, Die Reize der Landschaft (830)
Franz Marc, Botschaften an den Prinzen Jussuff (601)
Paula Modersohn-Becker, Kinderbildnisse (609)
Claude Monet, Der Impressionist (1188)
Edvard Munch, Der Tanz des Lebens (1123)
Emil Nolde, Aquarelle (602)
Christian Rohlfs, Blätter aus Ascona (612)
William Turner, Aquarelle (608)

ISBN 3-492-11000-2
Originalausgabe
August 1989
2. Auflage, 26.–31. Tausend Oktober 1992

Umschlag: Federico Luci,
unter Verwendung des Farbholzschnitts
»Lyrisches« (1911) von Wassily Kandinsky
Gesamtherstellung: Clausen & Bosse, Leck
Printed in Germany

INHALT

DER BLAUE REITER IN MÜNCHEN

»Die Kunst ist in vielem der Religion ähnlich. Ihre Entwicklung besteht nicht aus neuen Entdeckungen, die die alten Wahrheiten streichen und zu Verirrungen stempeln (wie es scheinbar in der Wissenschaft ist). Ihre Entwicklung besteht aus plötzlichem Aufleuchten, das dem Blitz ähnlich ist, aus Explosionen, die wie die Feuerwerkkugel am Himmel platzen, um ein ganzes ›Bukett‹ verschieden leuchtender Sterne um sich zu streuen. Dieses Aufleuchten zeigt mit blendendem Licht neue Perspektiven, neue Wahrheiten, die im Grunde nichts anderes sind, als die organische Entwicklung, das organische Weiterwachsen der früheren Weisheit, die durch diese letzte nicht annulliert wird, sondern als Weisheit und Wahrheit weiter lebt und erzeugt.«

So äußert sich Wassily Kandinsky in seinem autobiographischen Text *Rückblicke* 1913. Er entwarf damit ein Bild, von dem er nicht ahnen konnte, wie genau es die Situation zeichnete, die für sein eigenes künstlerisches Werk und das seiner Freunde, die unter dem Namen »Der Blaue Reiter« kurz vor dem ersten Weltkrieg in München mit ihren Bildern das Publikum irritierten, Wirklichkeit werden sollte. Denn über ein halbes Jahrhundert dauerte es, bis diese heute als »klassische Moderne« bekannten Werke überhaupt von einer breiten Öffentlichkeit wahrgenommen werden konnten. Sie fielen, um in Kandinskys Bild zu bleiben, zunächst wieder ins Dunkel zurück. Der Kriegsausbruch setzte den eben begonnenen Aktivitäten ein Ende, in der Nachkriegszeit standen andere Probleme der Lebensbewältigung im Vordergrund, und im Dritten Reich wurde die Verfolgung dieser Kunst zum Programm erhoben.

Erst nach dem zweiten Weltkrieg, 1949, war es möglich, im Haus der Kunst in München eine erste Ausstellung mit dem Titel »Der Blaue Reiter. München und die Kunst des 20. Jahrhunderts. Der Weg von 1908–1914« zu zeigen.

Mitglied des Ehrenausschusses dieser Ausstellung war die über siebzigjährige Gabriele Münter, aus deren Besitz viele der ausgestellten Werke stammten. Aber es bedurfte noch einer Reihe von Jahren, bis diese epochemachende junge Kunst aus den Anfängen des

Jahrhunderts auf Dauer für die Öffentlichkeit zugänglich wurde. Mit einer Stiftung überwältigenden Ausmaßes von Werken Kandinskys, ihrer eigenen Hand und vieler Künstlerfreunde im Jahr 1957 anläßlich ihres achtzigsten Geburtstages an die Stadt München bleibt dies das außerordentliche Verdienst Gabriele Münters. Einige Jahre später, 1965, gelangte als Bernhard Koehler-Stiftung die zweite große Schenkung, vornehmlich mit Werken von Franz Marc und August Macke, nach München, wiederum infolge der Initiative des damaligen Direktors des Lenbachhauses Hans Konrad Roethel. Und so bewirkte der Geist der Zeit in langsamem Wachstumsprozeß ein eigenartiges Phänomen: Ausgerechnet der Ort, an dem wie an kaum einem anderen gegen Ende des 19. Jahrhunderts die Pflege der Tradition zum Maßstab erhoben wurde, die Villa Franz von Lenbachs, errichtet von einem den Stil seiner Zeit bestimmenden, gefeierten Malerfürsten, der jede künstlerische Äußerung vehement bekämpfte, die nicht auf Kenntnis und Wertschätzung der klassischen Antike und der italienischen Renaissance beruhte – ausgerechnet dieser Ort wurde nun zum Museum des »Blauen Reiter«.

Man kann auch hierzu Kandinsky zitieren: »Diese Bewegung der Wahrheit ist sehr kompliziert: Unwahres wird wahr, Wahres unwahr, manche Teile fallen ab wie die Schale von der Nuß, die Zeit hobelt diese Schale ab, manche halten deshalb die Schale für die Nuß...« Oder Marc: »Die Natur wird den Völkern nicht ohne große Absichten Religion und Kunst mutwillig gemordet haben...«

Die ersten Kandinsky und dem »Blauen Reiter« gewidmeten Veröffentlichungen der Nachkriegszeit erschienen etwa gleichzeitig mit der Übergabe der Gabriele Münter-Stiftung. Seitdem nimmt das allgemeine Interesse immer mehr zu, die Wissenschaft befaßt sich in einer Fülle von Einzeluntersuchungen seit langem mit den verschiedensten Phänomenen dieser Malerei, in zahllosen Ausstellungen wurde sie weltweit publik gemacht, und die Museen melden Besucherrekorde.

Dies könnte zu der Annahme verleiten, daß der geistige Gehalt, den die Künstler des »Blauen Reiter«, insbesondere Kandinsky und Marc, in ihren Werken zum Ausdruck zu bringen suchten, inzwischen von einem breiten Publikum wahrgenommen würde. Aber selbst wenn dies nicht in vollem Umfang der Fall ist, so beweist das wachsende Interesse dennoch eine Faszination durch diese Kunst, die im einzelnen kaum erklärt werden kann. Es scheint, als erführe der im materiellen Überfluß unserer Zeit lebende Mensch von diesen Bildern eine – wenn auch nur unklar vernommene – Botschaft, die ihn an vergessene, dem rationalen Denken unzugängliche Bereiche seines eigenen Empfindens erinnert.

Eine chronologische Darstellung der künstlerischen und menschlichen Bedingungen, unter denen die Werke des »Blauen Reiter« entstanden, soll dazu dienen, ihre auch heute noch schwer deutbaren Bildinhalte transparenter erscheinen zu lassen.

Vielleicht war es einer dieser gläsernen Tage, an denen im Murnauer Moos im bayerischen Alpenvorland nördlich von Garmisch-Partenkirchen die Silhouetten der Berge überdeutlich hervortreten, die Farben in großen Flächen tief und klar die Landschaft bestimmen und große Stille herrscht, als Wassily Kandinsky und Gabriele Münter auf einem Ausflug Murnau entdeckten. Der kleine Marktflecken mit seinen farbigen Häuserfronten entlang der Hauptstraße und einladenden Gasthöfen inmitten dieser eindrucksvollen Landschaft begeisterte beide so, daß sie den befreundeten Malern Alexej von Jawlensky und Marianne von Werefkin davon erzählten; die fuhren hin, quartierten sich im »Griesbräu« ein und schlugen offenbar sofort per Post Kandinsky und Münter vor, doch auch zu kommen. So berichtet jedenfalls Gabriele Münter in ihrem unveröffentlichten Tagebuch.

Damit begann ein erster gemeinsamer Studienaufenthalt in Murnau, dem viele folgen sollten und von dem wohl niemand ahnte, daß er als Beginn einer neuen Epoche der bildenden Kunst in Deutschland in die Geschichte eingehen würde.

Es war im Herbst 1908. Die beiden Malerpaare, außer Gabriele Münter alle russischer Herkunft, waren keineswegs blutjung. Schon vor 1900 – als München, Kunstzentrum von internationalem Rang wie Paris, von überall her künstlerische Kräfte anzog, gleichzeitig allerdings auch wieder vertrieb – kam Kandinsky, der in Moskau Jura und Nationalökonomie studiert hatte, nach München, um Maler zu werden. Jawlensky hatte ebenfalls eine Laufbahn hinter sich: Als Hauptmann von der russischen Armee verabschiedet, studierte er an der Petersburger Kunstakademie und traf dort bei seinem Lehrer Ilja Repin dessen begabte und hochgebildete Privatschülerin Marianne von Werefkin, Tochter des kommandierenden Generals der Peter-Pauls-Festung. 1896 entschlossen sie sich, zusammen mit zwei anderen russischen Malern nach Deutschland zu gehen, und ließen sich in München nieder. Ihr Salon in der Giselastraße 33 entwickelte sich zu einem anregenden Treffpunkt für Künstler und Aristokraten. In der hauptsächlich von Russen und Jugoslawen besuchten Malschule von Anton Ažbè begegneten sie Kandinsky, ohne daß ein näherer Kontakt entstanden wäre. Gabriele Münter schließlich besaß die Erfahrung eines zweijährigen Aufenthalts in Nordamerika; sie kam 1901 nach München und lernte Kandinsky als ihren Lehrer an der dem Ausstellungsinstitut »Phalanx« angeschlossenen privaten Malschule kennen. Mit einunddreißig Jahren war sie gegenüber den Männern von annähernd Mitte Vierzig die jüngste der Gruppe, während die Werefkin mit fast fünfzig zwar die älteste, durch ihr sprühendes Temperament und ihr anspruchsvolles intellektuelles wie künstlerisches Engagement aber sicher die anregendste war.

Bisher hatten sich alle Beteiligten, wie seinerzeit üblich, mit der Malerei des französischen Impressionismus auseinandergesetzt. Kandinsky malte vornehmlich vor der Natur kleinformatige Ölstudien in Spachteltechnik. Auf vielen Reisen und Wanderungen mit Gabriele Münter fertigte er sie an. Aber anders als bei impressionistischer Malweise fehlt ihnen jede Art der Luftperspektive. Seine Spachtelführung der frühen Ölstudien oder der pastosere Farbauftrag der Arbeiten der Pariser Zeit ergeben eine Art ornamentaler Struktur, die alle Farbwerte in der Fläche beläßt und damit eine atmosphärische Illusion vermeidet. Statt dessen stellt sich zuweilen eine beinahe übernatürliche Klarheit ein, indem hinter der optischen Erscheinung der Natur andere Gesetzmäßigkeiten spürbar, wenn auch nicht greifbar werden.

Neben diesen Landschaftsstudien entstanden gleichrangig frei aus der Phantasie seine märchenhaft anmutenden poetischen Arbeiten auf dunklem Tonpapier, die er »dekorative Zeichnungen« nannte und die oft an russische Volksszenen erinnern. Auf geschwärzter Leinwand malte er in dieser Manier in Paris das berühmte *Reitende Paar* und *Das bunte Leben*. Arbeiten dieser Art konnte Kandinsky bereits 1905 im »Salon d'Automne« in Paris ausstellen, in dem auch Jawlensky mit Bildern aus demselben Jahr erstes Ansehen erwarb. Es war der berühmte Ort, an dem zur gleichen Zeit die »Fauves« mit

Wassily Kandinsky, »Reitendes Paar«, 1907

ihrer damals als wild empfundenen, plakativ eingesetzten Farbigkeit ihr Debüt gaben.

Allseits lag also eine intime Kenntnis der aktuellen internationalen künstlerischen Bestrebungen vor, die allerdings zunächst in der Arbeit von Kandinsky und Gabriele Münter keinerlei Resonanz fand. Kandinsky durchlebte eine gesundheitlich belastete Phase und zog sich nach der Rückkehr aus Paris zur Erholung nach Bad Reichenhall zurück. Er scheint längere Zeit kaum, zuweilen überhaupt nicht gemalt zu haben. Erhaltene Werke zeugen von irritierender Unsicherheit, die ihn im Frühjahr 1908 nochmals zu rein impressionistischer Malweise zurückfinden ließ. Eine kleine Ölstudie aus Südtirol, *Baumblüte in Lana*, zeigt einen ähnlich taufrischen Zauber von strahlendem Weiß mit einem Hauch von Rosa wie das Bild Gabriele Münters mit gleichem Titel im Münchner Lenbachhaus.

Vielleicht erklärt sich aus dieser vorübergehenden Orientierungslosigkeit der überraschend spontane Neubeginn, nach dem in Murnau in wenigen Monaten Werke von faszinierender Kraft und Intensität entstanden. Das kleine Format der bisherigen Ölstudien auf Leinwandkarton wird aufgegeben und braune Strohpappe im Format von etwa 33×44 Zentimetern als Malgrund genutzt. In rascher Folge schuf Kandinsky Studien vor der Natur, die durch kurze, breite, parallel oder schräg gegeneinandergesetzte Pinselzüge in kontrastierenden Farben eine unverwechselbare Struktur aufweisen.

Wie in der Malerei stabilisierte sich auch im Persönlichen die Lebenssituation. Kandinsky und Gabriele Münter bezogen nach vier nahezu ausschließlich auf Reisen verbrachten Jahren gemeinsam Wohnung in der Ainmillerstraße 36 in München, in unmittelbarer Nähe von Paul Klee, den sie allerdings erst im Oktober 1911 näher kennenlernten. Jeder Studienaufenthalt in Murnau brachte neue Impulse für die Malerei. Um was es hierbei ging, hat Gabriele Münter in einer oft zitierten Tagebuchaufzeichnung zum Ausdruck gebracht:

»Ich habe da nach einer kurzen Zeit der Qual einen großen Sprung gemacht – vom Naturabmalen – mehr oder weniger impressionistisch – zum Fühlen eines Inhaltes – zum Abstrahieren zum Geben eines Extraktes.

Es war eine schöne, interessante, freudige Arbeitszeit mit viel Gesprächen über Kunst mit den begeisterten ›Giselisten‹. Ich zeigte Jawlensky besonders gern meine Arbeiten – einerseits lobte er gern... viel... andererseits erklärte er mir auch manches – gab mir von seinem Erlebten und Erworbenen und sprach von ›Synthès‹. Er ist ein netter College. Wir alle 4 strebten sehr und jeder einzelne entwickelte sich. Ich machte eine Masse Studien. Es gab Tage, wo ich 5 Studien malte [...] und viele, wo es 3 wurden und wenige, wo ich garnicht malte. Wir waren alle fleißig.«

Typisch für ihre Malerei dieser Zeit ist *Blick aufs Murnauer Moos* (Abb. 9).

Dieses intensive Arbeiten läßt sich im Werk aller in einer schrittweise nachvollziehbaren Entwicklung verfolgen, wobei zunächst eine kraftvollere Farbigkeit auffällt. Allmählich werden die kontrastreich gegeneinandergesetzten Farbflächen größer. Charakteristisch für die Landschaftsdarstellung wird die dunkle Konturierung der einzelnen Bildkomponenten in der Fläche, was eindeutig auf Gestaltungselemente von Henri Matisse und der Schule von Pont-Aven verweist, die über Jawlensky vermittelt wurden. Er ist zu dieser Zeit derjenige gewesen, der die praktische malerische Anregung gab, was Kandinsky noch in einem Brief an Jawlensky aus dem Jahr 1934 bestätigt: »Ich habe damals viel von Ihnen gelernt und werde Ihnen dafür immer tief dankbar sein«, oder in einem anderen Brief: »Ich erzählte über unsere wundervollen Zeiten in München, wo Sie mich lehrten.«

Die Rolle Marianne von Werefkins dürfte eher darin gelegen haben, geistige Anregungen zu geben. Ihre schöpferischen Kräfte in den Dienst anderer zu stellen entsprach ihrer Natur und einem Jahre zuvor gefällten Entschluß. So muß sie, beseelt von ihrer Aufgabe, unwiderstehlich fordernd auf andere gewirkt haben, immer wieder anspornend zu noch höherem Anspruch. »Jedes echte Kunstwerk muß seinen Ursprung in der Beobachtung des Lebens haben. Es ist das verwandelte Leben, die Erinnerung eines Eindrucks, der den Elan gibt. Dann kommen die Wahrheiten der Kunst selbst, die alle relativ sind. Sie geben der wirklichen Wahrheit das Kleid, machen sie zum Kunstwerk, geben ihr das Recht zum ewigen Leben«, heißt es 1903 in ihren Tagebüchern. Oder: »Aufrichtig muß das Kunstwerk sein, manchmal von einer naiven Aufrichtigkeit, meistens aber von einer gewollten und bewußten Aufrichtigkeit. Diese Aufrichtigkeit ist es, die uns die Waffen gegen die Tradition der Schule ergreifen läßt. Sie ist es, die den Künstler so streng in der Wahl seiner Ausdrucksmittel werden läßt. Die Wahrheit in der Kunst steht nur in Verbindung mit dem Eindruck und seinem Ausdruck. Die Wahrheit der Kunst erstreckt sich also auf den empfangenen Eindruck und die erfundene Form« – Gedanken, die durchaus denjenigen Kandinskys entsprachen und eine Ahnung engagierter Dialoge zwischen beiden in Murnau und München vermitteln.

Nirgends wird die Atmosphäre im Münchner Salon der Marianne von Werefkin so anschaulich geschildert wie in den Erinnerungen des Direktors der Hamburger Kunsthalle, Gustav Pauli:

»Neben der bekannten Kunstwelt, die sich in ihren Erfolgen sonnte, blühte im Schatten die Opposition der Jugend etwa so wie eine kommunistische Verschwörung inmitten einer bürgerlichen Gesellschaft. Hier riß man Witze über die Helden des Tages und erschöpfte sich in der Erörterung schwieriger Grundprobleme alles Gestaltens oder plante Manifestationen, d.h. Ausstellungen, die allerdings im Hinblick auf ihre Finanzierbarkeit Schwierigkeiten bereiteten. In dieser Welt, der übrigens so wertvolle Künstler wie der im ersten Kriegsjahr gefallene Franz Marc angehörten, bildete der Salon der Werefkin einen Mittelpunkt. Sie war die international erzogene Tochter eines russischen Generals, weltgewandt, gescheit und kritisch beredt. Um ihren Teetisch sammelte sich täglich das Grüpplein der Getreuen, meist russische Künstler, u. a. auch der Tänzer Sacharoff, und ihre Münchner Freunde, eine ziemlich bunte Gesellschaft, in der sich die bayerische Aristokratie mit dem fahrenden Volk der internationalen Bohème begegnete. Für Hugo von Habermann waren es allesamt ›Schlawiner‹. Durch einen neuen Freund, den russisch deutschen Maler Alexander Salzmann aus Odessa, war ich eingeführt worden [...] Nie wieder habe ich eine Gesellschaft kennengelernt, die mit solchen Spannungen geladen war. Das Zentrum, gewissermaßen die Sendestelle der fast physisch spürbaren Kräftewellen, war die Baronin. Die zierlich gebaute Frau mit den großen dunklen Augen, den vollen roten Lippen und der infolge eines Jagdunfalls verkrüppelten rechten Hand, beherrschte nicht nur die Unterhaltung, sondern ihre ganze Umgebung. Von Politik war am wenigsten die Rede. Daß die Zustände im kaiserlichen Rußland trübe waren, wurde als selbstverständlich hingenommen, ohne daß man sich weiter darum bekümmerte. Über alle Fragen der Kunst und Literatur, der alten und neuen, wurde dagegen mit unerhörtem Eifer und ebensoviel Geist debattiert – endlos, denn solche Gespräche, in denen sich die Zungen wetzten und die Köpfe erhitzten, während jeder nur an die Verfechtung der eigenen Meinung denkt, kommen nie zum Schluß.«

In diesem Salon wurde Anfang des Jahres 1909 nach den ersten Wochen gemeinsamer Arbeit in Murnau die »Neue Künstlervereinigung München« ins Leben gerufen, als deren erster Vorsitzender Kandinsky zeichnete. Zu den Gründungsmitgliedern gehörten Alexej von Jawlensky, Gabriele Münter, Adolf Erbslöh, Alexander Kanoldt, Alfred Kubin, Marianne von Werefkin und die Kunsthistoriker Heinrich Schnabel und Oskar Wittenstein. Das Gründungszirkular, mit dem man sich an die Öffentlichkeit wandte, hatte folgenden Wortlaut:

»Ew. Hochwohlgeboren!

Wir erlauben uns, Ihre Aufmerksamkeit auf eine Künstlervereinigung zu lenken, die im Januar 1909 ins Leben getreten ist und die Hoffnung hegt, durch Ausstellung ernster Kunstwerke nach ihren Kräften an der Förderung künstlerischer Kultur mitzuarbeiten. Wir gehen aus von dem Gedanken, daß der Künstler außer den Eindrükken, die er von der äußeren Welt, der Natur, erhält, fortwährend in einer inneren Welt Erlebnisse sammelt; und das Suchen nach künstlerischen Formen, welche die gegenseitige Durchdringung dieser sämtlichen Erlebnisse zum Ausdruck bringen sollen – nach Formen, die von allem Nebensächlichen befreit sein müssen, um nur das Notwendige stark zum Ausdruck zu bringen –, kurz – das Streben nach künstlerischer Synthese, dies scheint uns eine Losung, die gegenwärtig wieder immer mehr Künstler geistig vereinigt. Durch die Gründung unserer Vereinigung hoffen wir diesen geistigen Beziehungen unter Künstlern eine materielle Form zu geben, die Gelegenheit schaffen wird, mit vereinten Kräften zur Öffentlichkeit zu sprechen.

Hochachtungsvollst Neue Künstlervereinigung München.«

Obwohl die Idee zur Formierung der »Neuen Künstlervereinigung« nicht direkt von Kandinsky ausging, entsprach sie ganz seinen 1901 mit dem Ausstellungsinstitut »Phalanx« propagierten Vorstellungen, Kunstwerke der internationalen Avantgarde in München zu zeigen – zu jener Zeit ein höchst revolutionäres Unterfangen. Schon damals entwarf er das Ausstellungsplakat, und 1909 zeigt die Mitgliedskarte der »Neuen Künstlervereinigung« seinen vom Bruckmann-Verlag München gedruckten Holzschnitt *Felsen* aus dem Jahr 1908, in dem sich die lyrisch-poetische Thematik der Frühzeit mit einer neuen formalen Sprödigkeit verbindet. In den Satzungen der Vereinigung lassen sich seine juristischen Kenntnisse wiedererkennen, und auch das Gründungszirkular trägt seine Handschrift. Die Vereinigung veranstaltete drei Ausstellungen, die erste vom 1. bis zum 15. Dezember 1909, die zweite vom 1. bis zum 14. September 1910 und die dritte, neben der bereits die »Erste Ausstellung der Redaktion ›Der Blaue

Wassily Kandinsky, Mitgliedskarte der »Neuen Künstlervereinigung München« mit dem Holzschnitt »Felsen«, 1908/09

Reiter«« gezeigt wurde, vom 18. Dezember 1911 bis zum 1. Januar 1912. Alle drei fanden in der Modernen Galerie Heinrich Thannhauser im Arco-Palais in der Münchner Theatinerstraße 7 statt.

Doch zunächst bleibt das Zentrum gemeinsamen Arbeitens Murnau. Gabriele Münter notiert in ihrem Tagebuch: »Frühjahr 1909 mieteten uns die Giselisten die Wohnung neben ihnen im Volks Bazar bei Echter bis Juni (mit einer Unterbrechung).« Die künstlerische Entwicklung aller Beteiligten vollzog sich nun mit einer Dynamik, der sich kaum folgen läßt. Kandinsky durchmaß sehr rasch verschiedene Stadien, wobei anfangs noch ein Anklang an Französisches, an Pierre Bonnard, spürbar bleibt; sie werden jedoch schnell wieder aufgegeben, um neue Formen der Gestaltung zu finden. Seine Naturstudien scheinen nicht mehr den Eindruck einer bestimmten Landschaft vermitteln zu wollen – jedenfalls nicht ausschließlich –, sie wirken vielmehr wie der Versuch, den Gesetzmäßigkeiten von Farbe und Formstrukturen nachzugehen, wie sie in der Natur vorkommen. Gleichzeitig entstehen aus der Phantasie geborene Bilder mit einer angedeuteten, aber weitgehend verschlüsselten Thematik, unter denen schon jetzt erste »Improvisationen«, wie er sie nennt, zu finden sind. Das Verbergen einer eindeutigen Bildaussage entsprach einem Wesenszug Kandinskys, den er einmal Gabriele Münter gegenüber brieflich ausgesprochen hatte: »... so komisch, daß die Leute in meinen Zeichnungen nur ›dekoratives‹ sehen und nichts vom Inhalt merken ... den Inhalt, das Innere muß man spüren. Für mich ist aufdringlicher Inhalt unschön, unecht, unfein. Es muß beinahe immer gleich schöne Form da sein (freilich ›schön‹ künstlerisch verstanden, das ist für den Uneingeweihten auch unschön vielleicht) ... je mehr Möglichkeiten für Phantasie und Interpretation desto besser.«

Jawlensky dagegen blieb im Anschaulichen, das er mit erstaunlicher Intensität wiederzugeben verstand. Für ihn scheint das Vermächtnis Paul Gauguins, »Kunst ist vor allem ein Mittel des Ausdrucks«, immer wieder »Steigerung« bedeutet zu haben. Seine Darstellung der Murnauer Landschaft beschränkt sich auf äußerst einfache Formen, die dem Charakter dieser Landschaft entsprechen. In *Sommerabend in Murnau* (Abb. 11) sind es weiche Bergrücken, großflächig und farblich abgestuft gegeneinandergesetzt die Gebiete von Wiese und Moor, keinerlei Details im Vordergrund, nur der Akzent von zwei schrägen Tannen, ein leuchtend orangefarbener Himmel und dunkel violettblaue Wolkenwände. Wenn Jawlensky auch das Verfahren der Schule von Pont-Aven, die Farbfläche in Konturen zu spannen, gelernt hatte, so fand er doch erst hier in Murnau zu neuer, großzügiger Flächenordnung, die – obwohl theoretisch vorgewußt – durch die Eigenart der Murnauer Landschaft wirklich als Naturerlebnis erfahren werden konnte.

Die im Sommer 1909 entstandene *Murnauer Landschaft* (Abb. 18) bringt eine enorme formale Verfestigung in der Bildfläche, die Natur wird gleichsam geometrisch gesehen. Ohnehin intensive Farben gewinnen nochmals an Ausdruck dadurch, daß sie sich weiter von der »Lokalfarbe« entfernen. Es entsteht ein großartiger Eindruck: Wie ein Fanfarenstoß wirkt das Bild. Violette Bäume, schräge Schatten, gelber Himmel und ein Weg in kräftigem Rosa dröhnen gradezu »hörbar« wie ein Akkord, der zur Auflösung drängt in einem Finale.

Auch in Kandinskys und Münters Bildern ist diese geometrische Phase vorhanden. Gabriele Münter allerdings wird von diesem Stadium in Jawlenskys Malerei offenbar erst etwas später fasziniert. Ihre Bilder sind immer Einzelleistungen. Festhalten an einem bestimmten »Stil« liegt ihr fern. Schon in *Blick aufs Murnauer Moos* (Abb. 9) hatte sie ihre eigene Art der Darstellung gefunden. Je nach Anlaß greift sie eine bestimmte Anregung auf, die ihr dienlich scheint, verarbeitet sie, läßt sie wieder fallen und ist offen für Neues. Diese gleichsam spielerische, vielleicht weibliche Art irritierte Kandinsky, der ihr Talent bewunderte. »Wieder dachte ich an Deine Bilder und ärgerte mich und bedauerte schmerzlich, daß Du nicht viel energischer arbeitest«, schrieb er ihr einmal.

Von besonderer Bedeutung erwies sich in dieser Zeit ein Erlebnis, das für alle Beteiligten ganz entscheidende Impulse brachte: die Entdeckung der oberbayerischen Volkskunst, vor allem der Hinterglasmalerei. Gabriele Münter erinnert sich 1933, daß sie mit Kandinsky schon in Südtirol gemalte Marterln gesehen habe, alte Volkskunst, und daß es in Murnau Jawlensky gewesen sei, der als erster auf Heinrich Rambold, den damals noch tätigen Hinterglasmaler, und die Sammlung Johann Krötz mit über tausend Hinterglasbildern aufmerksam machte. Man darf sich nicht verleiten lassen, diese Schilderungen vom heutigen Standpunkt aus als belanglos zu werten. Tatsächlich wurden hier keine Antiquitäten entdeckt, sondern der echte, naive Ausdruck einer vergessenen Kunst, die in der christlichen Religion wurzelt und eine ganz direkte Funktion der Mitteilung erfüllte. Genau dies entsprach der eigenen – noch nicht ganz klar erkannten – Intention.

Die in der Folgezeit von Kandinsky und Gabriele Münter selbst gemalten Hinterglasbilder sind nicht nur als reizvolle Gelegenheitsarbeiten aufzufassen. Sicherlich überwiegt der spielerische Aspekt –

zuweilen scheint sich das Medium zu mehr oder weniger verschlüsselten Botschaften an den Partner angeboten zu haben –, bei Kandinsky liegen jedenfalls in diesen anspruchslos wirkenden Glasbildern oft erste Ideen zu im Anschluß daran entwickelten wichtigen Kompositionen wie beispielsweise *Allerheiligen I* (Abb. 2) und *Improvisation 26* (Abb. 5). Bereits lange zuvor, als Kandinsky 1889 im Gouvernement Wologda Ursprünge russischen Bauernrechts aufspüren wollte, beeindruckte ihn Volkskunst. In den *Rückblicken* heißt es:

»Ich weiß noch, wie ich zum erstenmal in die Stube trat und vor dem unerwarteten Bilde an der Stelle stehenblieb. Der Tisch, die Bänke, der im russischen Bauernhause wichtige große Ofen, die Schränke und jeder Gegenstand waren mit bunten, großzügigen Ornamenten bemalt. Auf den Wänden Volksbilder: ein Held in symbolischer Darstellung, eine Schlacht, ein gemaltes Volkslied. Die ›rote‹ Ecke (›rot‹ ist altrussisch gleich ›schön‹) dicht und ganz mit gemalten und gedruckten Heiligenbildern bedeckt, davor eine kleine rotbrennende Hängelampe, die wie ein wissender, diskret-leise sprechender, bescheidener für und in sich lebender und stolzer Stern glühte und blühte.«

Inzwischen war man in Murnau beinahe heimisch geworden, und der Wunsch nach ständiger Bleibe tauchte auf. Kandinsky regte den Kauf der außerhalb des Ortes in einem bunten Blumengarten grade erbauten Streidl-Villa an, in die er mit Gabriele Münter im Juli einzog und die sie im August 1909 käuflich erwarb. Mit großen, schmerzlichen Unterbrechungen, die das Leben später brachte, lebte sie hier bis zu ihrem Tod im Jahr 1962.

Man begann mit der Einrichtung. Kandinsky bemalte mit Hilfe einer noch heute erhaltenen Pappschablone die Treppenwange des Hauses in der Manier von Bauernmalerei mit einem Fries galoppierender Reiter zwischen ornamentalen Rispen und bunten Kreisen, ein Toilettenschränkchen für Gabriele Münter mit einem reitenden Paar auf zwei Pferden in gestrecktem Galopp und locker getupften Motiven auf weißem Grund und einen roh aus Fichtenholz gezimmerten, rot gestrichenen kleinen Schreibtisch mit Stuhl dekorativ mit farbigen Tupfen.

Lange Wanderungen wurden unternommen, Photos bezeugen Gartenarbeit – vor allem aber sah man sich jetzt künstlerisch in der Lage, an die Öffentlichkeit zu treten. Die »Neue Künstlervereinigung« konnte mehrere neue Mitglieder verzeichnen: Paul Baum, Wladimir Bechtejew, Erma Bossi, Karl Hofer, Moissei Kogan und den Tänzer Alexander Sacharoff, den Jawlensky verschiedentlich porträtierte (Abb. 17). Vorbereitungen für die erste Ausstellung in der Galerie Thannhauser fanden statt, die Eröffnung erfolgte am 1. Dezember 1909. Der Katalog verzeichnet Werke von sechzehn Malern. Als Vorwort ist ein Teil des Gründungszirkulars abgedruckt. Anschließend wurde die Ausstellung in mehreren deutschen Städten gezeigt. Wie bereits in München nahm man sie mit Empörung zur Kenntnis.

Von dieser brodelnden, engagierten, emphatischen künstlerischen Aktivität wußte Franz Marc, der nach gründlicher Akademieschulung in München ganz allein mit den Formproblemen der Malerei kämpfte, nichts. Seine Faszination durch den französischen Impressionismus wurde bald durch Vincent van Gogh abgelöst. Von Anfang an aber war sein Thema das Tier. Ausdauernd skizzierte er in zoologischen Gärten. Um Geld zu verdienen, gab er Unterricht in anatomischem Zeichnen. Sommermonatelang studierte er im Isarwinkel bei Lenggries vor allem Pferde auf der Koppel, und 1909 besaß er ein zahmes Reh, das ihm auf Schritt und Tritt folgte und bei der Arbeit zusah.

Im Mai desselben Jahres übersiedelte er, zunächst für einen Sommer, nach Sindelsdorf, einem unscheinbaren Dörfchen, von dem aus er Murnau in ein paar Stunden zu Fuß hätte erreichen können, wenn er geahnt hätte, was sich dort abspielte. Wieder kreist das Interesse um das Tierbild, Gruppenbilder von Rehen und Pferden entstehen, die Struktur der Malerei aus dichten, kurzen, kräftigen parallelen Pinselhieben zeigt, was er 1907 in einem Brief beschreibt: »Jedenfalls weiß ich, daß ich unbeeinflußt bin (das heißt, wenn ich meinen diesjährigen Aufenthalt in Paris vor den van Goghs ausnehme).«

Besonders deutlich gibt diesen Einfluß das um die Jahreswende 1909/10 entstandene Bild *Katzen auf rotem Tuch* zu erkennen, in dem plötzlich in Rot, Orange, Grün und Blauschwarz auf Weiß kräftige Farben aufleuchten. Damit beginnt eine neue Phase in einem bis dahin recht zurückhaltenden Werk, das bei seiner ersten öffentlichen Ausstellung in der Galerie Franz Josef Brakl in München im Februar 1910 aus diesem Grunde durchaus ein positives Presseecho fand.

Franz Marc, Plakat zur Ausstellung in Brakls Moderner Kunsthandlung in München, 1910

Aber nicht nur das. Der Verleger Reinhard Piper bereitete grade sein Buch *Das Tier in der Kunst* vor, und so konnte ihm eine derartige Fülle von Tierdarstellungen nicht entgehen. In seinen Erinnerungen *Mein Leben als Verleger* heißt es: »Während ich an dem Buch schrieb, veranstaltete der bis dahin unbekannte Franz Marc bei Brackl in der Goethestraße seine erste Ausstellung. Da waren vor allem viele Tierbilder zu sehn, überwiegend impressionistischer Art. Sie kosteten durchschnittlich zweihundert bis dreihundert Mark. Ich kaufte mir die farbige Lithographie mit zwei Pferden. Die Verkäufe waren so gering, daß auch der kleinste dem Künstler auffallen mußte. Er besuchte mich daraufhin im Verlag, schlank und schwarzhaarig. Er kam noch gerade recht, daß ich auf der vorletzten Seite meines Buches eine seiner Plastiken, eine Pferdegruppe in Bronze, abbilden konnte.«

Selbstverständlich ergaben sich ausführliche Gespräche über das beide zutiefst berührende Thema mit dem Ergebnis, daß Marc auf Bitten des Autors einen kurzen Beitrag für dieses Buch verfaßte, in dem er erstmals seine Ideen und künstlerischen Intentionen, die er mit der Tierdarstellung verband, formulierte. Die im ganzen noch unausgefeilten Vorstellungen lassen aber doch die angestrebte Richtung erkennen:

»Meine Ziele liegen nicht in der Linie besonderer Tiermalerei [...] Ich suche mein Empfinden für den organischen *Rhythmus* aller Dinge zu steigern, suche mich pantheistisch einzufühlen in das Zittern und Rinnen des Blutes in der Natur, in den Bäumen, in den Tieren, in der Luft, – suche das zum *Bilde* zu machen, mit neuen Bewegungen und mit Farben, die unseres alten Staffeleibildes spotten [...] Diese Bilder haben gar keine Ähnlichkeit mehr mit dem, was man früher ›Bilder‹ nannte.«

Zwischen Piper und Marc entwickelte sich ein freundschaftlicher Kontakt. Marc gestaltete als erstes den Umschlag für *Das Tier in der Kunst*, indem er ein Aquarell des vom Blitz erschreckten Pferdes von Eugène Delacroix in optisch wirksamere Schwarzweißzeichnung umsetzte; dann entwarf er für den Umschlag von Julius Meier-Graefes *Cézanne*-Monographie *Frauen vor dem Zelt*. In diesem Zusammenhang beschäftigte er sich im Sommer 1910 mit Paul Cézanne und mit der Darstellung des weiblichen Aktes. In verschiedenen Aquarellen von cézannehaft zarter Farbigkeit entstanden Kompositionen von badenden Frauen. Von hier aus wird auch verständlich, wie es inmitten der vorherrschenden Tierthematik zu dem Bild *Akt mit Katze* (Abb. 20) kommen konnte.

Schon im Januar 1910 deutete sich eine Veränderung in Marcs Künstlerdasein an: Eines Tages erschienen in seinem Atelier in der Schellingstraße 33 drei Herren, die direkt aus der Kunsthandlung Brakl kamen, wo ihnen der Galerist – noch vor der Ausstellung und sozusagen als Geheimtip – einige seiner graphischen Blätter gezeigt hatte. Es waren der Berliner Fabrikant Bernhard Koehler, der grade dreiundzwanzig Jahre alt gewordene Maler August Macke und dessen Vetter Helmuth Macke, der ebenfalls malte.

Man fand sich auf Anhieb sympathisch. Späteren Berichten zufolge kaufte Koehler auf der Stelle Marcs berühmtes, auf Zigarrenkistenholz gemaltes frühes Bildchen *Der tote Spatz*. Daß Marc sich von ihm trennte, wollte viel heißen, denn es stellte für ihn eine Art Symbol für qualvoll durchlittene, ausweglose Lebensumstände dar. Aber das Angebot – ein Hundertmarkschein – konnte er, mittellos, wie er war, nicht ablehnen. Der Verkauf dieses kleinen Bildes begründete die mäzenatische Beziehung zwischen Marc und Koehler, dessen Großzügigkeit ihm bald ein freieres Arbeiten ermöglichte.

Zunächst besuchte Marc zusammen mit seiner späteren Frau Maria August Macke im Staudacherhaus in Tegernsee. Belustigt stellten sie fest, daß Macke mit Elisabeth, einer Nichte Koehlers, verheiratet war. Marc schrieb ihm im Anschluß an diesen Besuch: »Frl. Franck und ich danken Ihnen allen noch einmal aufrichtig für Ihre herzliche Gastlichkeit. Ich halte es für einen wirklichen Glücksfall, endlich einmal Kollegen von so innerlicher, künstlerischer Gesinnung getroffen zu haben, – rarissime! Wie werde ich mich freuen, wenn es uns einmal gelingen sollte, Bild an Bild nebeneinanderzustellen.« Eine der bekanntesten Künstlerfreundschaften, durch den 1965 publizierten Briefwechsel detailliert dokumentiert, hatte begonnen und schien sich künstlerisch augenblicklich auszuwirken.

In beider Werk läßt sich eine zunehmende Sicherheit auf Grund gegenseitiger Bestätigung ablesen. Marcs im Sommer 1910 entstandener *Akt mit Katze* (Abb. 20) erinnert zum erstenmal in seiner Malerei an Bilder der »Fauves«, denen Mackes Arbeit damals verpflichtet war. Dessen im selben Sommer gemaltes *Bildnis Bernhard Koehler* (Abb. 27) deutet durch seinen silhouettenhaften Aufbau wie manche andere seiner Porträts und die sehr präzise in der Malfläche ausgebreiteten Stilleben in dieselbe Richtung. Für beide Künstler erweisen sich diese Sommermonate als eine überaus fruchtbare Zeit. Marc schrieb in einem Brief an seine Frau Maria: »[...] sehr arbeitsam und kaue unablässig an meinem System der Komplementärfarben, der einzige Weg, aus meiner ›Beliebigkeit‹ der Farbe herauszukommen. Ich fühle übrigens, wie es mir mit jedem Tag mehr gelingt [...]«

Die ablehnende Haltung, die Empörung, ja die Beschimpfungen, die die erste Ausstellung der »Neuen Künstlervereinigung München« überall hervorgerufen hatte, bestärkten Kandinsky in schon länger gehegten Überlegungen, seine Ideen schriftlich zu fixieren. Er verfaßte im Lauf des Jahres 1910 seine berühmt gewordene Schrift *Über das Geistige in der Kunst*, die allerdings erst zwei Jahre später erschien. In diesem Buch beruft er sich ausdrücklich auf die weltanschaulichen Erkenntnisse der Theosophie, zitiert Wissenschaftler, die sich den Phänomenen des Spiritismus zugewandt hatten, und nimmt Bezug auf Rudolf Steiner. Es heißt dort:

»Die Frau H. P. Blawatzky war wohl die erste, die nach langjährigen Aufenthalten in Indien ein festes Band zwischen diesen ›Wilden‹ und unserer Kultur gebunden hat. Von hier ab beginnt in dieser Beziehung eine der größten geistigen Bewegungen, die heute eine große Anzahl von Menschen vereinigt und sogar eine materielle Form dieser geistigen Einigung in ›Theosophischer Gesellschaft‹ gebildet hat. Diese Gesellschaft besteht aus Logen, die auf dem Wege der *inneren* Erkenntnis sich den Problemen des Geistes zu nähern versuchen.«

In einer Anmerkung verweist der Autor auf Steiners *Theosophie* und seine Aufsätze in der Zeitschrift *Lucifer–Gnosis* über Erkenntnispfade. Und er fährt fort:

»Wenn die Religion, Wissenschaft und Moral [...] gerüttelt werden, und wenn die äußeren Stützen zu fallen drohen, wendet der Mensch seinen Blick von der Äußerlichkeit ab und *sich selbst zu*.

Die Literatur, Musik und Kunst sind die ersten empfindlichsten Gebiete, wo sich diese geistige Wendung bemerkbar macht in realer Form. Diese Gebiete spiegeln das düstere Bild der Gegenwart sofort ab, sie erraten das Große, was erst als ein kleines Pünktchen nur von wenigen bemerkt wird und für die große Menge nicht existiert.

Sie spiegeln die große Finsternis, die erst kaum angedeutet hervortritt. Sie verfinstern sich selbst und verdüstern sich. Andererseits wenden sie sich ab von dem seelenberaubten Inhalt des gegenwärtigen Lebens und wenden sich zu Stoffen und Umgebungen, die freie Hand lassen dem nichtmateriellen Streben und Suchen der dürstenden Seele.«

Durch solche Gedanken eingestimmt, beginnt man zu ahnen, was Kandinsky in dieser Zeit durch die Malerei auszudrücken suchte. Im Jahr 1910 beschäftigt er sich weniger mit »Naturstudien« und wendet sich einer Form der bildlichen Aussage zu, die er »Impressionen«, »Improvisationen« und »Kompositionen« nennt, wobei auffällt, daß diese Bezeichnungen der musikalischen Terminologie entnommen sind. In *Über das Geistige in der Kunst* spricht er häufig vom »Klang« eines Wortes, der unabhängig von seiner Bedeutung eine eigene »Vibration« erzeugt, die sich direkt der Seele mitteilt. Eine künstlerische, das heißt rein von der Malerei ausgehende Anregung, die derartiges vermittelte, lag für ihn schon Jahre zurück. Es war wie eine vage Vorahnung, als er in einer Ausstellung in Moskau Claude Monets *Heuhaufen* gesehen hatte. In den *Rückblicken* beschreibt er die Situation:

»Und plötzlich zum erstenmal sah ich ein *Bild*. Daß das ein Heuhaufen war, belehrte mich der Katalog. Erkennen konnte ich ihn nicht. Dieses Nichterkennen war mir peinlich. Ich fand auch, daß der Maler kein Recht hat, so undeutlich zu malen. Ich empfand dumpf, daß der Gegenstand in diesem Bild fehlt. Und merkte mit Erstaunen und Verwirrung, daß das Bild nicht nur packt, sondern sich unverwischbar in das Gedächtnis einprägt [...]«

Die neben der schriftlichen Gedankenklärung entstandenen Werke sind Ausdruck des Suchens und Tastens, das einerseits bewährte Formen der Naturanschauung und -darstellung wiederholt wie *Garten* (Abb. 1), andererseits neue Möglichkeiten bildnerischer Gestaltung auszukundschaften unternimmt, die außerhalb aller bisher üblichen Äußerungen auf diesem Gebiet lagen. Wieder schildert er selbst diesen Prozeß in seinen *Rückblicken*:

»Viel später, schon in München, wurde ich einmal durch einen unerwarteten Anblick in meinem Atelier bezaubert. Es war die Stunde der einziehenden Dämmerung. Ich kam mit meinem Malkasten nach einer Studie heim, noch verträumt und in die erledigte Arbeit vertieft, als ich plötzlich ein unbeschreiblich schönes, von einem inneren

Glühen durchtränktes Bild sah. Ich stutzte erst, dann ging ich schnell auf dieses rätselhafte Bild zu, auf dem ich nichts als Formen und Farben sah und das inhaltlich unverständlich war. Ich fand sofort den Schlüssel zu dem Rätsel: es war ein von mir gemaltes Bild, das an die Wand angelehnt auf der Seite stand. Ich versuchte den nächsten Tag bei Tageslicht den gestrigen Eindruck von diesem Bild zu bekommen. Es gelang mir aber nur halb: auch auf der Seite erkannte ich fortwährend die Gegenstände, und die feine Lasur der Dämmerung fehlte. Ich wußte jetzt genau, daß der Gegenstand meinen Bildern schadet.

Eine erschreckende Tiefe, eine verantwortungsvolle Fülle von allerhand Fragen stellten sich vor mich. Und die wichtigste: was soll den fehlenden Gegenstand ersetzen? Die Gefahr einer Ornamentik stand klar vor mir, die tote Scheinexistenz der stilisierten Formen konnte mich nur abschrecken.

Erst nach vielen Jahren geduldiger Arbeit, angestrengten Denkens, zahlreicher vorsichtiger Versuche, sich immer entwickelnder Fähigkeit, die malerischen Formen rein, abstrakt zu erleben, immer tiefer in diese unermeßlichen Tiefen sich zu vertiefen, kam ich zu den malerischen Formen, mit denen ich heute arbeite (an denen ich heute arbeite), und die, wie ich hoffe und will, sich viel weiter entwickeln werden.

Es hat sehr lange gedauert, bis diese Frage, ›Was soll den Gegenstand ersetzen?‹, in mir zu einer richtigen Antwort kam. Oft schaue ich in meine Vergangenheit zurück und bin verzweifelt, wie viel Zeit ich an dieser Lösung verbraucht habe. Ich habe nur einen Trost: nie konnte ich es über mich bringen, eine Form zu gebrauchen, die auf logischem Wege – nicht rein gefühlsmäßig in mir entstand. Ich konnte keine Formen ersinnen, und es widert mich an, wenn ich solche Formen sehe. Alle Formen, die ich je brauchte, kamen ›von selbst‹, sie stellten sich fertig vor meine Augen und es blieb mir nur, sie zu kopieren, oder sie bildeten sich schon während der Arbeit, oft für mich selbst überraschend.«

Man darf sicher nicht als selbstverständlich voraussetzen, daß diese differenzierten Empfindungen, Erlebnisse beim Akt des Malens, diese ungewöhnlichen Erfahrungen und weltanschaulichen Erkenntnisse von allen Künstlerfreunden sofort verstanden und geteilt worden wären oder immer hätten nachempfunden werden können.

Gabriele Münters Kommentar äußerte sich zuweilen darin, den

Augenschein zu dokumentieren. Mit ruhig-schlichter Bestimmtheit nahm sie unbemerkt einen Stift zur Hand und umriß auf irgendeinem Stück Papier in kaum absetzender Linie ganz knapp das Geschehen wie in der kleinen Skizze zu dem ausgeführten Bild *Zuhören*. Ihre Schilderung aus der Rückschau der dreißiger Jahre bestätigt, was in der Zeichnung unmittelbar zum Ausdruck kommt:

»Alle drei diskutierten unaufhörlich über Kunst, und im Anfang hatte jeder seine eigene Ansicht und seinen eigenen Stil. Jawlensky war weniger intellektuell oder intelligent als Kandinsky und Klee und ihre Theorien verwirrten ihn oft. Einmal malte ich ein Porträt, das ich ›Zuhören‹ nannte und das Jawlensky darstellt, wie er mit einem verdutzten Ausdruck in seinem pausbackigen Gesicht neuen Kunsttheorien von Kandinsky lauscht. Jawlensky hatte viele Freunde in Paris und er hat mit Marianne fast mehr Zeit in Frankreich zugebracht als in München... Wie viele große Maler der Pariser Schule war er kein Theoretiker sondern ganz Handwerker und Künstler.«

Auch *Kandinsky und Erma Bossi am Tisch* beschreibt eine solche Szene am Eßtisch des Murnauer Hauses im Sommer 1910, in der Kandinsky in Lederhose und Wadenstutzen ausführlich und mit untermalenden Handbewegungen seine Ideen darlegt und Erma Bossi staunend zu folgen bemüht ist. Gleichzeitig belegen diese Zeichnungen Münters künstlerische Eigenständigkeit Kandinsky gegenüber, indem sie ganz souverän ihre eigene Sprache entwickelt und dabei den »realen« Augenschein, wie sie ihn wahrnimmt, niemals aufgibt. Das Sehen ist bei ihr der eigentlich schöpferische Prozeß, sie schafft die Bilder, indem sie sie sieht. Die kurze Bleistiftnotiz, die das Gesehene lediglich fixiert, zeigt schon alle Elemente des späteren Bildes. Diese im Vergleich zu Kandinsky naive Sicht der Dinge wurde von ihm, dem ganz anders Orientierten, durchaus geschätzt und gewürdigt. Vermutlich entsprach es der tatsächlichen Situation dieser Zeit, wenn die Malerin schreibt:

»Wenn ich ein formales Vorbild hatte – und gewissermaßen war das 1903–1913 der Fall – so ist es wohl van Gogh durch Jawlensky und dessen Theorien (das Sprechen von der Synthese). Das ist aber nicht zu vergleichen mit dem, was Kandinsky für mich war. Er hat mein Talent geliebt, verstanden, geschützt und gefördert.«

Diejenige, die noch am ehesten die Dimensionen von Kandinskys künstlerischer Aussage nachempfinden konnte, war die Werewkina.

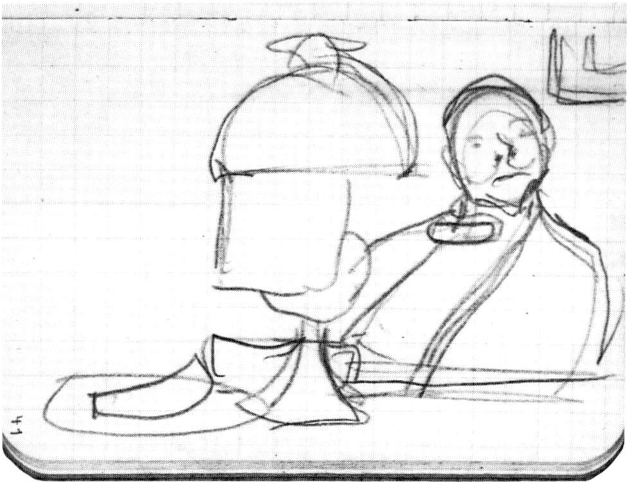

Gabriele Münter, »Zuhören«, 1908

Gabriele Münter, »Kandinsky und Erma Bossi am Tisch«, 1910

Bereits in ihren frühen Tagebüchern beweist sie eine subtile Erlebnisfähigkeit und Einfühlungsgabe, die ihren durchaus weiblichen Ausdruck im Verstehen und Bestätigen des anderen suchte. Sehr früh schon war ihr bewußt geworden:

»[...] ich stehe so außerhalb des Lebens, daß für mich all die unfaßbaren Dinge mehr Wert haben, als die Wirklichkeit. Wozu führt es, wenn ich arbeite, selbst wenn ich gut arbeite? Zu einigen Werken, die vielleicht nicht schlecht sind. Nein, dazu liebe ich meine Kunst zu sehr. Wenn ich selbst nicht arbeite und mich nur ganz dem widme, an was ich glaube, wird das wahre und einzige Werk entstehen, der Ausdruck des künstlerischen Glaubens, und das wird für die Kunst eine große Eroberung sein. Dafür ist es wert, gelebt zu haben.«

Nicht nur Jawlensky und mancher andere haben von dieser Intention profitiert, auch Kandinsky.

Neben all diesem vielseitigen Tun lief im Spätsommer 1910 die Vorbereitung der zweiten Ausstellung der »Neuen Künstlervereinigung München« auf vollen Touren. Internationales Format war angestrebt und erwies sich als erreicht, als die Ausstellung am 1. September eröffnet wurde. Die Zahl der ausstellenden Künstler war auf das Doppelte angewachsen, man zeigte unter anderem Werke von Georges Braque, André Derain, Kees van Dongen, Henri Le Fauconnier, Pierre Girieud, Georges Rouault, Pablo Picasso, Maurice de Vlaminck, Alexandr Mogilewski, den Brüdern Burljuk und von Wassili Denissow sowie Arbeiten der Bildhauer Hermann Haller, Bernhard Hoetger, Adolf Nieder und Seraphim Soudbinine. Als Einführung wurden im Katalog neben einem Beitrag der Russen Dawid und Wladimir Burljuk Texte von Le Fauconnier und Odilon Redon abgedruckt, außerdem Teile eines Vorwortes zu einer Rouault-Kollektion, die grade bei Drouet in Paris zu sehen war, und ein Aufsatz von Kandinsky.

Die Absicht war klar: Obwohl die Ausstellung keine auch nur annähernd einheitliche »Stilrichtung« erkennen ließ, dokumentierte sie durch die große Anzahl ganz unterschiedlicher künstlerischer Temperamente, auf wie breiter Basis die neuen Bestrebungen in der Kunst bereits angelegt waren. Trotzdem reagierte die Öffentlichkeit, wie nicht anders erwartet werden konnte, wiederum mit äußerster Ablehnung. Eine detaillierte Schilderung der Umstände hat Kandinsky 1936 anläßlich des Gedenkens an Marcs zwanzigsten Todestag in der Zeitschrift *Cahiers d'art* veröffentlicht:

»Die Presse verlangte die sofortige Schließung dieser ›anarchistischen‹ Ausstellung [...] welche ausländische, der alten bayrischen Kultur gefährlich werdende Künstler zusammengestellt hätten. Sie machte verständlich, daß die russischen Künstler besonders gefährlich wären – Dostojewskij mit seinem ›Alles ist erlaubt!‹. Tatsächlich hatte es Russen in der Gruppe, aber es hatte auch Franzosen, Italiener, Österreicher und Norddeutsche. Doch keinen einzigen Bayer. Der Galeriebesitzer beklagte sich, daß er nach jeder täglichen Schließung die Bilder abtrocknen müßte, weil das Publikum sie angespuckt hätte. Man muß sagen, daß dieses entsetzte Publikum gut erzogen war; es spuckte, aber es zerschnitt die Leinwände nicht, wie mir das einmal in einer anderen Stadt während einer Ausstellung passiert ist.

Um den Ruf der bayrischen Bewohner Münchens zu retten, füge ich an, daß sich nicht eine Stimme erhob, um die Ausstellung zu verteidigen. Nicht eine einzige bayrische Stimme, aber eine preußische. Diese Stimme gehörte Hugo von Tschudi, Generaldirektor aller bayrischen Kunstmuseen. Er war von Berlin gekommen, wo er Direktor der Nationalgalerie gewesen war [...]

Er war ein Mann von reinem und freiem Geist, von unerschöpflicher Energie und starker Willenskraft – er kannte keine Konzessionen [...] Ihm war es zu verdanken, daß es uns gelang, unsere Ausstellung zu machen, und ihm war es zu verdanken, daß die von der Presse geforderte ›sofortige Schließung‹ nicht stattfand. Und es war ebenfalls er, der in die Ausstellung kam, um dem Besitzer der Galerie, der manchmal vollständig den Kopf verlor, Mut zuzusprechen [...]

Aber da war noch eine rein bayrische Stimme. Sie kam plötzlich aus einem kleinen Dorf Oberbayerns. Franz Marc hatte einen Brief voller Enthusiasmus und Glückwünsche geschrieben an unsere Gruppe. Er hatte das Zartgefühl gehabt, nicht persönlich zu erscheinen und uns zu verpflichten, persönliche Beziehungen zu ihm aufzunehmen. Als ich ihn später sah, zum ersten Mal, verstand ich, daß er seiner noblen Natur nach gehandelt hatte.

Er stellte ein sehr seltenes Exemplar Mensch dar. Sein Äußeres stimmte haargenau mit seinem Inneren zusammen: eine harmonische Kombination von ›hart‹ und ›weich‹.

Seine große Statur, seine breiten Schultern, sein fast hageres Gesicht, sein schwarzes Haar, sein sicherer und langer Schritt gaben ihm das Aussehen eines Bergbewohners. Ich liebte es, ihn in den Bergen, auf den Weiden und in den Wäldern zu sehen. Dort war er ›zuhause‹. Er war immer von seinem großen, weißen Hund begleitet [...]

Marc hatte, allgemein, direkte Beziehungen zur Natur, wie ein Bergbewohner oder gar wie ein Tier. Ich hatte manchmal den Eindruck, daß die Natur befriedigt war, ihn zu sehen. Alles in der Natur zog ihn an, aber vor allem die Tiere. Zwischen dem Künstler und seinen ›Modellen‹ existierte ein gegenseitiger Kontakt, und deshalb hatte Marc ›Zutritt‹ zum Leben der Tiere, und es war dieses Leben, das ihn inspirierte.

Aber er verlor sich nie in Details, und das Tier war für ihn immer nur eines der Elemente des Ganzen, oft sogar nicht einmal ein wesentliches. Er baute seine Bilder wie ein Maler, nicht wie ein ›Erzähler‹. Aus diesem Grund war er nie ein ›Tiermaler‹. Was ihn anzog, war das große Organische, das heißt die Natur im allgemeinen. Darin liegt die Erklärung der durch Marc geschaffenen originalen Welt [...]«

Das von Kandinsky erwähnte Schreiben, das Marc nach seinem Besuch der Ausstellung an die Veranstalter gerichtet hatte, beginnt mit den Worten: »Gegenüber der allgemeinen Ablehnung, die die ›neue Künstlervereinigung‹ in München erfährt, ist es vielleicht angebracht, auch eine andere Stimme und Meinung laut werden zu lassen.« Ausführlich geht er im anschließenden Text auf die einzelnen Künstler ein, betont deren Bemühen, entmaterialisierte Innerlichkeit zum Ausdruck zu bringen, und ist beeindruckt durch die Verbindung von vergeistigtem Sinn und formaler Gestaltung in den Werken, die »wertvolle Exempel für Raumaufteilung, Rhythmus und Farbentheorie enthalten«. Gleichzeitig sieht er Ansätze, die zur Neubelebung des Kunstgewerbes, besser des Kunsthandwerks führen könnten, und schließlich würdigt er ihre künstlerische Position, die in der Tradition von Cézanne, Gauguin, der russischen Gotik und dem Orient stehe, der heute eine der Säulen europäischer Kunsttradition geworden sei. Sein Fazit: »Wir sollten mittun und helfen und nicht durch blödes Gelächter entmutigen. Die Art, wie das Münchner Publikum die Aussteller abtut, hat fast etwas Erheiterndes [...] Wer Augen hat, muß hier den machtvollen Zug der neuen Kunst sehen.«

Selbstverständlich ergab sich nun näherer Kontakt, der brieflich durch Adolf Erbslöh hergestellt wurde. Auch Macke hatte die Ausstellung gesehen und war dort sofort Jawlensky, Kandinsky und allen anderen begegnet. Marc wurde zum erstenmal zu Silvester 1910/11 in den Kreis eingeladen und berichtete am Neujahrstag an Maria, die bei ihren Eltern in Berlin war:

»Gestern Abend war ich mit Hellmut bei Jawlensky und hab mich den ganzen Abend mit Kandinsky und Münter unterhalten – fabelhafte Menschen. Kandinsky übertrifft alle, auch Jawlensky an persönlichem Reiz; ich war völlig gefangen von diesem feinen innerlich vornehmen Menschen [...]«

Am 2. Januar besuchten alle Mitglieder der Vereinigung und auch Marc das erste Konzert mit Werken von Arnold Schönberg in München, in dessen Anschluß sich Briefwechsel und Freundschaft zwischen Schönberg und Kandinsky entwickelten (Abb. 26). Vier Wochen später empfing Marc die gesamte Vereinigung zu einem Gegenbesuch in Sindelsdorf, zwei Tage darauf wurde er einstimmig zum Mitglied und dritten Vorsitzenden gewählt. Bald danach machte er sich nun wirklich zu Fuß von Sindelsdorf nach Murnau auf, um Kandinsky zu besuchen, und schrieb am nächsten Tag begeistert nach Berlin:

»Am anderen Morgen wanderte ich zu Kandinsky! Die Stunden bei ihm gehören zu meinen denkwürdigsten Erfahrungen. Er zeigte mir viel, ältere und neueste Sachen. Letztere alle ungeheuer stark; im ersten Moment fühle ich die große Wonne seiner starken, reinen, feurigen Farben, und dann beginnt das Gehirn zu arbeiten; man kommt nicht los von diesen Bildern [...]«

Die Freundschaft zwischen Kandinsky und Marc hatte ihren Anfang gefunden.

Inzwischen ließen sich jedoch langsam angewachsene Spannungen innerhalb der Gruppe kaum mehr verbergen. Besonders Adolf Erbslöh und Alexander Kanoldt konnten Kandinskys künstlerischen Zielen nur schwer folgen, und es kam zu Mißverständnissen. Sein unbeirrtes Fortschreiten auf dem Weg zur Abstraktion war für die wenigsten letztlich verständlich. So sah sich Kandinsky veranlaßt, den Vorsitz der Vereinigung am 10. Januar 1911 niederzulegen. In seinem Brief an den zweiten Vorsitzenden Jawlensky heißt es:

»Das letzte Jahr zeigte mir besonders klar, daß meine Ansichten über die Tätigkeit unserer Vereinigung und die Art ihrer Gestaltung von den übrigen Ausschußmitgliedern und von der Mehrzahl der ordentlichen Mitglieder nicht geteilt werden. Diese prinzipielle Verschiedenheit der Grundansichten schließt natürlich meine weitere Tätigkeit als Vorsitzender aus. Deshalb möchte ich Sie bitten, den übrigen Ausschußmitgliedern mitzuteilen, daß ich von heute ab mein Amt definitiv niederlege, wobei das Amt des 1. Vorsitzenden satzungsgemäß bis zu den nächsten Wahlen auf Sie übergeht.«

Als Nachfolger wurde Erbslöh gewählt. Es war vorauszusehen, daß sich die Fronten weiter verhärten würden – auf der einen Seite die Vertreter weitgehend der Tradition verhafteter Auffassungen, auf der anderen Kandinsky und Marc mit ganz anders ausgerichteten Ideen. Der Briefwechsel zwischen Marc und dem seit Februar 1911 in Bonn lebenden Macke spiegelt sehr genau die einzelnen Phasen dieser Entwicklung in jenem Sommer, während sich gleichzeitig die Beziehung zwischen Marc und Kandinsky immer enger und freundschaftlicher gestaltete.

Am 10. August schreibt Marc an Macke: »Sieh doch zu, möglichst bald Dich zu uns zu schlagen und zwar aus folgendem Grunde: Ich sehe, mit Kandinsky, klar voraus, dass die nächste Jury (im Spätherbst) eine schauderhafte Auseinandersetzung geben wird und jetzt oder das nächstemal dann eine Spaltung, respektive Austritt der einen oder anderen Partei [...]«

Die Lage spitzte sich zu und eskalierte förmlich zu einem nationalen Konflikt, als der Ausstellung, die inzwischen in Karlsruhe, Mannheim, Hagen und Dresden gezeigt worden war, weitere Kritik entgegengebracht und ihre geplante Präsentation in Berlin plötzlich abgesagt wurde mit der Erklärung, es seien nicht, wie vertraglich vereinbart, Werke Münchner Künstler. Gleichzeitig entzündeten sich die Geister auch in Norddeutschland über den Ankauf eines Bildes von Vincent van Gogh für die Bremer Kunsthalle. Der Worpsweder Maler Carl Vinnen artikulierte daraufhin in seiner Schrift *Der Protest deutscher Künstler* das allgemeine Unbehagen konservativer Kreise gegenüber dem Einfluß ausländischer Kunst in Deutschland.

Nun hielt es Marc für geboten, hier entschieden Stellung zu beziehen. Er wandte sich an Kandinsky, der seinerseits bereits mit dem

Kunsthistoriker Wilhelm Worringer in dieser Sache Kontakt aufgenommen hatte, und so entstand die Initiative zu der Gegenschrift *Im Kampf um die Kunst. Eine Antwort auf den »Protest deutscher Künstler«*. Sie enthält außer den Stellungnahmen von Marc und Kandinsky Beiträge verschiedener gleich empfindender Künstler, Schriftsteller und Museumsdirektoren und erschien, wesentlich durch Reinhard Piper unterstützt, im Juli 1911 in dessen Verlag. Worringer spricht darin ganz klar aus: »Wir wollen wieder eine Suggestionskraft der Kunst, die stärker ist als die Suggestionskraft jenes höheren und kultivierten Illusionismus, der seit der Renaissance das Schicksal unserer Kunst ist.«

Wie von Marc vorausgesehen, kam es innerhalb der für ihre dritte Ausstellung am 2. Dezember 1911 einberufenen Jury der »Neuen Künstlervereinigung« zum Eklat. Lange Briefe von Marc an Macke geben über die Vorgänge ausführlich Auskunft. Als knapper Tatbestand schält sich heraus: Kandinskys am 17. November vollendete *Komposition V* wurde von der Jury mit der Begründung abgelehnt, daß sie nach Maßgabe der Satzung zu groß sei. Bechtejew bemerkte, daß er das Bild nicht verstehe, Erbslöh, daß er es für Kunstgewerbe halte, Kanoldt enthielt sich jeden Kommentars, da Marc ihn für inkompetent erklärt habe. Marianne von Werefkin und Jawlensky standen zwar auf Kandinskys Seite, konnten sich aber zu den sich daraus ergebenden Konsequenzen noch nicht entschließen.

Kandinsky erklärte augenblicklich seinen Austritt, Gabriele Münter, Franz Marc und Alfred Kubin schlossen sich ihm an. Damit hatte die Vereinigung ihre bedeutendsten Mitglieder verloren und hörte praktisch auf zu bestehen. Ihre dritte Ausstellung verblaßte vollkommen neben der schnell von Kandinsky und Marc zusammengetragenen Gegenausstellung in angrenzenden Räumen, die unter dem Namen »Die Redaktion ›Der Blaue Reiter‹« in die Geschichte eingegangen ist.

Auch ein von der Vereinigung initiiertes, nobel ausgestattetes Buch mit dem Titel *Das neue Bild* und einem Text des Kunsthistorikers Otto Fischer erwies sich, selbst für die verbliebenen Mitglieder, als eine Fehldarstellung. Besonders Marianne von Werefkin war über das darin zum Ausdruck gebrachte Unverständnis gegenüber den eigentlichen Zielen der Gruppe empört und trat, zusammen mit Jawlensky, 1912 ebenfalls aus der Vereinigung aus.

Als Kandinsky gefragt wurde, wie es zu dem Namen »Der Blaue Reiter« gekommen sei, erzählte er die bekannte Geschichte, daß er sich bei Franz Marc am Kaffeetisch in Sindelsdorf ganz von selbst ergeben habe: Marc liebte Pferde, Kandinsky Reiter, und beide liebten sie Blau. Wahrscheinlich ist diese lakonische Schilderung sogar zutreffend, wenn sie auch nichts über den Sinn dieses Namens aussagt. In jedem Fall war das Unternehmen, die Vorbereitung des Almanach, zu dieser Zeit in vollem Gange.

Am 19. Juni 1911 teilt Kandinsky Marc seine Idee erstmals brieflich mit: »Nun! ich habe einen neuen Plan. Piper muß Verlag besorgen und wir beide die Redakteure sein. Eine Art Almanach (Jahres=) mit Reproduktionen und Artikeln [...] nur von Künstlern stammend. In dem Buch muß sich das ganze Jahr spiegeln, und eine Kette zur Vergangenheit und ein Strahl in die Zukunft müßen diesem Spiegel das volle Leben geben.« Außerdem schlägt er vor, Abbildungen von Kunstwerken verschiedener Kulturen und Epochen gegenüberzustellen, beispielsweise »einen Chinesen neben Rousseau, ein [russisches] Volksblatt neben Picasso und drgl. noch viel mehr!«.

Die Beziehung zwischen Piper und Marc hatte sich durch die Arbeit an der *Antwort auf den »Protest deutscher Künstler«* im Sommer 1911 vertieft. Piper war inzwischen auch auf Kandinsky aufmerksam geworden, obwohl er sich mit dessen Ideen zunächst schwer anfreunden konnte. Immerhin schrieb Kandinsky für den im März 1912 bei Piper erschienenen Band *Arnold Schönberg* einen Text über dessen Malerei. So war es durchaus naheliegend, daß der Verleger am Plan eines derartigen Almanach interessiert war, da er im Zusammenhang mit dem vorausgegangenen und keineswegs abgeschlossenen allgemeinen Kunststreit ein wichtiges Manifest zu werden versprach. Letzte Vorbehalte vornehmlich in bezug auf die Finanzierung schwanden, als Hugo von Tschudi und der Piper seit langem bekannte und geschätzte Alfred Kubin das Projekt befürworteten und sich Bernhard Koehler zur Übernahme der Kosten bereit erklärte.

Im Grunde hatten Kandinskys Intentionen schon immer in diese Richtung gezielt. Sein Bemühen um Vermittlung von Verständnis für eine neue und anscheinend voraussetzungslose Sprache der Kunst ist bereits darin abzulesen, daß er den Katalogen der »Neuen Künstlervereinigung« Texte verschiedener Künstler gleichsam als Einführung voranstellte. Seine Schrift *Über das Geistige in der Kunst* kennzeichnet das gleiche Bemühen, und die Idee einer Beweisführung durch gegenübergestellte Bildbeispiele hatte Marc schon anläßlich der geplanten Erwiderung auf den *Protest deutscher Künstler* geäußert. Im Almanach *Der Blaue Reiter* konnten all diese Vorstellungen nun in ausgewogener Weise Gestalt gewinnen.

Es folgte eine ungemein lebendige, arbeitsreiche Zeit in München, Murnau und Sindelsdorf. August Macke kam zu Besuch und wurde aufgefordert, einen Beitrag zu liefern, Arnold Schönberg schrieb einen Text und steuerte ein Faksimile der Handschrift seiner Komposition *Herzgewächse* bei, Dawid Burljuk berichtete über die »Wilden« Rußlands und Marc über die »Wilden« Deutschlands, beide in Anlehnung an die »Fauves« in Paris. Zitate von Delacroix und Goethe wurden eingestreut, Kandinsky verfaßte seine Aufsätze *Über die Formfrage* und *Über Bühnenkomposition* und artikulierte Gedanken hieraus auch in seinem Stück *Der gelbe Klang*. Der Abbildung seiner Komposition *Lyrisches* (Umschlag dieses Bändchens) stellte Marc die Reproduktion einer deutschen Märchenillustration der Romantik gegenüber, um die beiden gemeinsame tiefe Innerlichkeit des künstlerischen Ausdrucks zu veranschaulichen. Schließlich lag die beträchtliche Anzahl von mehr als einhundertvierzig Abbildungen vor, und grade ihre besondere Art der Anordnung bildete einen wesentlichen Teil der Aussage dieser Publikation. Denn das erklärte Ziel war, nachzuweisen, daß die neuen vielfältigen künstlerischen Bestrebungen in der Tradition derjenigen Kunst aller Zeiten und Völker stehen, deren Wurzeln im Kult oder im Mythos liegen. Deshalb finden sich bayerische Hinterglas- und Votivbilder, mittelalterliche Holzschnitte, Beispiele chinesischer Malerei, ein Mosaik aus San Marco in Venedig, Plastiken aus Mexiko, aus Kamerun und von den Osterinseln, japanische Tuschzeichnungen, russische Volksblätter, ein antikes Relief aus Griechenland und eine ägyptische Schattenspielfigur. Das Bildmaterial wuchs immer weiter an, Reinhard Piper steuerte aus Verlagsbeständen einiges bei und schlug vor, auch Vincent van Gogh, Henri Matisse und Paul Gauguin als bereits anerkannte Künstler zu berücksichtigen. So erhielt der Almanach zusammen mit Reproduktionen von Werken von Pablo Picasso, Georges Braque, Henri Le Fauconnier, Robert Delaunay, Oskar Kokoschka, Max Pechstein, Emil Nolde, Ernst Ludwig Kirchner, Natalija Gontscharowa und Abbildungen eigener Arbeiten eine äußerst breit angelegte Ausrichtung.

Die Vorbereitungen in den Spätsommermonaten des Jahres 1911 blieben für alle Beteiligten unvergeßlich. Hatte man geschrieben, Kontakte hergestellt und organisatorische Fragen erörtert, fand man sich abends zusammen und malte gemeinsam Hinterglasbilder. Von Franz Marc ist in dieser Manier ein Bildchen als Hommage an Henri Rousseau überliefert, das er im selben Jahr Kandinsky zu Weihnachten schenkte. Die Rahmen von zwei Hinterglasbildern August Mackes – der in dieser Zeit wahrscheinlich *Indianer auf Pferden* (Abb. 28) und das im Almanach reproduzierte Bild *Sturm* gemalt hat – gestaltete Kandinsky in seiner bewährten Manier mit bunten Tupfen. Heinrich Campendonk wohnte in der Nähe und kam zu Besuch, und die Damen stickten nach Entwürfen der Partner.

Im Zusammenhang mit der um diese Zeit auffallend reichen Produktion von Hinterglasbildern muß noch einmal die Frage nach dem Namen des Almanach angeschnitten werden. Als einziger wandte sich Kandinsky in seinen Hinterglasbildern fast ausschließlich religiöser, insbesondere eschatologischer Thematik zu (Abb. 2). Die Gestalt des heiligen Georg scheint ihn vor allem angezogen zu haben, da er für diesen Reiterheiligen immer neue künstlerische Formulierungen fand. Im Jahr 1911 entstanden allein drei untereinander abweichende Darstellungen als große Ölbilder, ein Holzschnitt, mehrere Aquarelle und drei Hinterglasbilder.

Es ist sicher nicht uninteressant, zu erwähnen, daß der Marktflekken Murnau seit 1322 einen Lindwurm im Wappen führt und daß die älteste christliche Kultstätte der Gegend, das kleine am Rande des Moores gelegene Ramsach-Kircherl, dem heiligen Georg geweiht ist. Nach der *Legenda aurea* bekämpft der Heilige den Drachen, der spirituelle Unwissenheit und materielles Denken verkörpert, und befreit die in diesen Eigenschaften gebundene Prinzessin, indem er ihn tötet. Sie wird durch diesen Akt als erste der geistigen Wiedergeburt zugeführt; im Anschluß daran bekehrt der heilige Georg die Menge.

In einem anderen Hinterglasbild hatte Kandinsky den heiligen Wladimir, seinen eigenen Namenspatron, dargestellt. Wladimir I., Großfürst von Kiew, ließ sich um das Jahr 989 auf den Namen Wassili taufen und veranlaßte daraufhin die Bevölkerung von Kiew zur Taufe. Der Akt der Bekehrung Ungläubiger als das Hinführen zu geistiger Wiedergeburt – nicht im »missionarischen Sinne« als »Heidenbekehrung«, sondern als Hilfe zur Hinwendung zu einer ganzheitlichen, spiritu-

Wassily Kandinsky, »Heiliger Georg II«, 1911

ellen Weltsicht – hat Kandinsky ganz offensichtlich an diesem Heiligen fasziniert. Aber der Reiterheilige, der auch im orthodoxen Ritus eine wichtige Rolle spielt, muß für ihn die bezwingendere Gestalt gewesen sein. Im Murnauer Haus hing über seinem Harmonium ein ungewöhnlich großes, auf Leinwand gemaltes süddeutsches Votivbild des heiligen Reiters aus dem späten 18. oder frühen 19. Jahrhundert. Alles deutet darauf hin, daß dieser drachentötende Ritter der christlichen Legende für Kandinsky zu einer Art von Symbolgestalt geworden war, mit deren Intentionen er sich in gewisser Weise identifizierte.

Jedenfalls hat Kandinsky eine der als Hinterglasbild entworfenen Versionen des heiligen Georg als Holzschnitt gestaltet und für den Einband des Almanach bestimmt. Mit der neben der Figur plazierten Bezeichnung »Der Blaue Reiter« versinnbildlicht er die Kraft und Würde einer geistigen Erneuerungsbestrebung, die mit Hilfe der Kunst und durch sie ins Werk gesetzt werden sollte und als deren Vorkämpfer er sich verstand – eine Auffassung von geistiger, gradezu missionarischer Verantwortung, die von Marc voll geteilt wurde. In seinem Aufsatz *Die »Wilden« Deutschlands* legte er sie dar, sprach von einer notwendigen Neugeburt des Denkens, die die Künstler leite, durch ihre Arbeit ihrer Zeit Symbole zu schaffen. Es heißt: »Die *Mystik* erwachte in den Seelen und mit ihr uralte Elemente der Kunst.«

Aber der Verleger des Almanach hatte gewisse Bedenken. Reinhard Piper schrieb an Franz Marc: »Wegen des Blauen Reiter möchte ich Ihnen noch einen Wunsch ausdrücken, nämlich den, dass der Umschlag des ersten Bandes von Ihnen gezeichnet werden möge, nicht von Kandinsky. Der Holzschnitt von Kandinsky kann ja dann für die zweite Folge bleiben. Wir glauben, dass wir der Publikation durch den Umschlag von Kandinsky den Weg sehr erschweren, auch scheint es mir nicht ganz recht, wenn durch den Umschlag die ganze Publikation so sehr auf Kandinsky festgelegt wird. Wir halten auch den Umschlag mit seiner auf jeden Unbefangenen dilettantisch wirkenden Schrift für wenig praktisch. Der erste Band eines solchen Unternehmens darf nicht unter der Flagge eines Vexierbildes (und so wird dieser Holzschnitt auch auf gutwillige Leute wirken) hinausgehen. Ich glaube, dass wenn Sie eine großzügige, dekorative Zeichnung des Blauen Reiters entwerfen, der Umschlag weit wirksamer sein wird.« Marc sorgte jedoch dafür, daß Kandinskys Idee verwirklicht wurde.

Wassily Kandinsky, Umschlag zum Almanach »Der Blaue Reiter«, 1912

Mitten in der turbulenten Phase der Vorbereitung des Almanach heißt es in einem Brief Kandinskys an Marc am 9. Oktober 1911 ganz unvermittelt: »Gestern durch Moillet den Klee kennen gelernt. Da sitzt schon was in der Seele.«

Und Klee wiederum notiert im Tagebuch:

»Onkel Luli (Louis Moilliet) ist für ein paar Tage bei uns. Er ist verstimmt, die August Mackes haben ihm in einem öffentlichen Lokal seinen Hut auf den Kronleuchter gehängt. Er verläßt sein Quartier und zieht zu uns in die freistehende Mädchenkammer.

Kandinsky, von dem früher schon des öfteren die Rede war, und der um ein Haus weiter wohnt, dieser Kandinsky, den Luli zwar Schlabinsky nennt, übt immerzu eine große Anziehung auf ihn aus. Luli geht öfter hinüber, nimmt manchmal Arbeiten von mir und bringt Bilder ohne Gegenstand von jenem Russen wieder zu mir zurück. Sehr merkwürdige Bilder.

Dieser Kandinsky will eine neue Gemeinschaft von Künstlern zusammenrufen. Ich habe bei persönlicher Bekanntschaft ein gewisses tieferes Vertrauen zu ihm gefaßt. Er ist wer und hat einen ausnehmend schönen, klaren Kopf.

Zuerst trafen wir uns in einem öffentlichen Lokal der Stadt, wo auch Amiet mit seiner Frau zugegen war (auf der Durchreise). Dann verabredeten wir, auf der Trambahn nach Hause fahrend, weitere Pflege von Beziehungen. Im Laufe des Winters schloß ich mich dann seinem Blauen Reiter an.«

Und so kam es, daß im Almanach auch eine Tuschzeichnung des noch kaum bekannten Paul Klee abgebildet wurde.

Bei allen organisatorischen Fragen, ganz besonders aber bei der Vermittlung des Verständnisses zwischen Piper und Kandinsky, erwies sich Marc als ein hilfreicher und kluger Diplomat. Ihm war es zu verdanken, daß die lange vollendete Schrift *Über das Geistige in der Kunst* nun tatsächlich im Januar 1912 bei Piper erschien. Kandinsky berichtete Alfred Kubin mit überschwenglicher Freude darüber: »Diese ganze Glückseligkeit verdanke ich dem feinen Franz Marc. Das ist der reinste Zauberkünstler und dazu ein wirklicher Freund.« Später kommt er nochmals auf ihn zu sprechen: »[...] wäre er nicht da mit seiner energischen Hilfe, so würde mein Buch noch immer als Manuskript herumspringen und nach materieller Gestalt sich erfolglos bemühen.«

Macht man sich die schöpferische Kraft und die künstlerische Aufbruchstimmung klar, die diesen Sommermonaten des Jahres 1911 in Murnau und Sindelsdorf ihr Gepräge gaben, so wird deutlich, welcher

Abstand Kandinsky und Marc von den Mitgliedern der Vereinigung, vor allem von denen um Erbslöh und Kanoldt, trennte. Es scheint daher nur natürlich, daß beide längst an einen Alleingang dachten. Bereits am 4. November 1911, also noch vor ihrem Austritt aus der »Neuen Künstlervereinigung« am 2. Dezember, hatte Marc die vieldiskutierte Postkarte an Kandinsky geschrieben:

»bei Thannhauser einen eigenen Saal für Dezember 2. Hälfte, neben der Vereinigung bekommen, in dem wir 2 ausstellen dürfen, was wir wollen. Also *los* und *Ernst* damit. In Eile Fz M.

Mein Programm: Burljuk, Campendonk, August [Macke], eigene Glasbilder, Schönberg, Bloch, und wenn irgend möglich einen Rousseau (nicht zu groß). Dann Delaunay und eventuell zwei drei alte Sachen (Reisbilder, Glasbilder, Votiv).

Es muß was feines werden.«

Und am 3. Dezember berichtete er seinem Bruder Paul Marc:

»Die Würfel sind gefallen, Kandinsky und ich sind nach wirklich schauderhaften und aufregenden Scenen aus dem Verein ausgetreten, – gegen die Dummheit kämpfen d. G. v! Nun heißt's zu zwei weiterkämpfen! Die ›Redaktion des Blauen Reiters‹ wird jetzt der Ausgangspunkt von neuen Ausstellungen. Ich denke, es ist ganz gut so. Wir werden suchen, das Zentrum der modernen Bewegung zu werden.«

Sie wurden es. Am 18. Dezember konnten die Besucher neben der dritten Ausstellung der »Neuen Künstlervereinigung München« in den Räumen der Galerie Thannhauser die »Erste Ausstellung der Redaktion ›Der Blaue Reiter‹« zur Kenntnis nehmen. Das Programm entsprach mit geringer Erweiterung dem von Marc vorgeschlagenen, mit dreiundvierzig Arbeiten eine kleine, aber, wie sich zeigte, prägnante Präsentation. Ihre im Katalog abgedruckte Devise lautete:

»Wir suchen in dieser kleinen Ausstellung nicht *eine* präzise und spezielle Form zu propagieren, sondern wir bezwecken in der *Verschiedenheit* der vertretenen Formen zu zeigen, wie der *innere Wunsch* der Künstler sich mannigfaltig gestaltet.«

Natürlich sollte diese Ausstellung erst den Anfang der Initiativen des »Blauen Reiter« bilden. Kaum war sie eröffnet, plante man die nächste, eine ausschließlich graphischen Arbeiten gewidmete Schau, die, diesmal im oberen Stock der Buch- und Kunsthandlung Hans Goltz in der Brienner Straße 8 in München, in der Zeit vom 12. Februar bis zum 18. März 1912 gezeigt wurde. Währenddessen befand sich die erste Ausstellung auf Tournee; sie wurde zuerst durch Vermittlung von August Macke im Gereonsclub in Köln präsentiert, dann eröffnete Herwarth Walden in Berlin damit sein Unternehmen »Der Sturm« am 12. März 1912. Es folgten die Vereinigten Werkstätten für Kunst im Handwerk in Bremen, das Museum Folkwang in Hagen und der Salon Goldschmidt in Frankfurt am Main. Bei späteren von Walden im »Sturm« organisierten Veranstaltungen nahmen Alexej von Jawlensky und Marianne von Werefkin wieder teil. Ein wirklicher Bruch zwischen ihnen und Kandinsky hatte nie stattgefunden.

Die zweite Ausstellung bot erneut das schon einmal erreichte internationale Niveau. Trotz erheblicher Vorbehalte Kandinskys war es Marc außerdem durch seine Kontakte zu den »Brücke«-Malern gelungen, bei einem längeren Berlinbesuch im Januar 1912 Arbeiten von Erich Heckel, Otto Mueller, Max Pechstein, Ernst Ludwig Kirchner, Emil Nolde, Wilhelm Morgner, Moriz Melzer und Georg Tappert auszuwählen. Aus der Schweiz waren Hans Arp, Wilhelm Gimmi, Walter Helbig und Oskar Lüthy vertreten. Die Ausstellung umfaßte über dreihundert Arbeiten, aber sie war die letzte, die unter dem Namen »Der Blaue Reiter« in München veranstaltet wurde. Als im Mai des Jahres 1912 der Almanach endlich vorlag, war damit bereits das Ende der öffentlichen Ereignisse unter diesem Namen erreicht, obwohl dies den Beteiligten zu jenem Zeitpunkt noch keineswegs bewußt sein konnte. Der Almanach erlebte zwar zwei Jahre später eine weitere Auflage, aber ein zweiter Band, der das begonnene Unternehmen in lockerer Folge weiterführen sollte, kam nicht mehr zustande.

Am 11. Mai 1912 schrieb Marc an Kandinsky: »heute kam aus Augsburg die ersehnte Sendung der 10 Freiexemplare des bl. Reiters [...] Der Eindruck des Buches ist doch ein fabelhafter. Ich hatte ein solches Glücksgefühl, es endlich fertig vor mir zu sehen. Eines bin ich auch sicher: Viele Stille im Lande und junge Kräfte werden uns heimlich Dank wissen, sich an dem Buch begeistern und die Welt nach ihm prüfen; könnten das Buch und die kommenden Bände doch zu einem Sachsenspiegel werden für unsre zerrissene Zeit. Ich denke jetzt oft an den 2. Band und habe meine Ideen darüber [...]«

Kandinsky, erschöpft von den außerordentlichen Anstrengungen des letzten Jahres, reagierte etwas zögernder: »Das zweite Buch: mein Wunsch wäre, daß wir damit gar nicht eilen, ruhig an uns das Material kommen laßen [...] Dazu mein *egoistischer* Wunsch: eine Zeit lang (jedenfalls den Sommer) ganz zum Reifen meiner weiteren Gedanken zu behalten.«

Der Briefwechsel zwischen beiden dokumentiert im weiteren Verlauf vornehmlich praktische Inanspruchnahme durch zunehmende Ausstellungsbeschickungen, von denen als wichtigste die »Sonderbund«-Ausstellung in Köln 1912 und der von Herwarth Walden unter Mithilfe von Bernhard Koehler organisierte »Erste Deutsche Herbstsalon« in Berlin 1913 zu nennen sind. Auch in der Berliner »Neuen Sezession« wurden Bilder gezeigt, sogar in Moskau bei der Künstlervereinigung »Karo-Bube«; allerdings erwiesen sich Waldens Bemühungen, den »Blauen Reiter« in die Vereinigten Staaten zu bringen, als erfolglos.

Dessen ungeachtet blieb die eigene künstlerische Arbeit vorrangig. Sie führte bei Franz Marc durch eine neuerliche Begegnung mit Robert Delaunay – zusammen mit August Macke im Herbst 1912 in Paris – zu einer formalen Klärung und Vertiefung seiner Bildideen, während Macke hier den erforderlichen Impuls für seine bedeutendste Schaffensphase empfing. Als er sich schließlich am 6. April 1914 zusammen mit Paul Klee und Louis Moilliet in Marseille auf der »Carthage« zu der berühmten »Tunisreise« einschiffte, markierte diese Reise den Beginn des Höhepunktes, den Macke in seiner Kunst erreichte. Und vor Klee lag nun die Möglichkeit, den entscheidenden Durchbruch in seiner Malerei zu erlangen. Formen und Farben arabisch-orientalischen Lebens in der tunesischen Stadt Kairouan ließen ihn auch in seiner Kunst zur Farbe finden und gaben ihm endlich beglückende Sicherheit in dem Gefühl, Maler zu sein.

Kandinsky dagegen hatte in diesen Jahren in absolutem künstlerischen Alleingang die epochemachende Entwicklung zur gegenstandslosen Kunst zurückgelegt. In einer erstaunlichen Verbindung von weltanschaulicher, durch die Theosophie angeregter und vertiefter geistiger Erfahrung und dem Versuch ihrer formalen Umsetzung in künstlerischen Ausdruck mit den Mitteln der Malerei hatte er der Kunst ihren ursprünglich metaphysischen Anspruch zurückgeben wollen. Seine Bilder, Ergebnis wesentlich spiritueller Erlebnisse, vermieden die Darstellung äußerer Realität und artikulierten sich als »Impressionen«, »Improvisationen« und »Kompositionen«. Der Zugang zu ihrem Verständnis erweist sich bis heute als außerordentlich schwer, obwohl es Kandinsky immer um diesen Zugang von seiten des Betrachters zu tun war. Daß die Rezeption sich vornehmlich formalästhetischen Fragen zuwandte und »nichts vom Inhalt merkte«, bekümmerte ihn nach wie vor. Im Vorwort zur zweiten Auflage des Almanach *Der Blaue Reiter* schrieb er im März 1914:

»Seit dem Erscheinen dieses Buches sind zwei Jahre vergangen. Eines unserer Ziele – in meinen Augen das Hauptziel – ist fast unerreicht geblieben. Es war, durch Beispiele, durch praktische Zusammenstellungen, durch theoretische Beweise zu zeigen, dass die Formfrage in der Kunst eine sekundäre ist, dass die Kunstfrage vorzüglich eine Inhaltsfrage ist.« Und weiter: »Diese donnernden Merkmale der grossen Zeit werden auf eine fast unerklärliche Weise überhört: das Publikum (zu dem viele Kunsttheoretiker zählen) fährt im Gegensatz zum geistigen Streben der Zeit fort, mehr als je das formelle Element ausschliesslich zu betrachten, zu analysieren, zu systematisieren.

So ist vielleicht die Zeit für das ›Hören‹ und ›Sehen‹ noch nicht reif.

Aber auch die berechtigte Hoffnung, dass die Reife kommt, wurzelt in der Notwendigkeit.

Und diese Hoffnung ist der wichtigste Grund des wiederholten Erscheinens des ›Blauen Reiters‹.«

Marc begann sein Vorwort zu ebendieser zweiten Auflage des Almanach in ähnlicher, nahezu resignierter Haltung mit dem Satz Theodor Däublers: »Alles was wird, kann auf Erden nur angefangen werden« und fährt fort: »Eine Erfüllung wird sein, irgendwann, in einer neuen Welt, in einem anderen Dasein. Wir können auf Erden nur das Thema geben.«

Obwohl er trotz allem seine Gedanken bereits in einem Vorwort für einen folgenden Band zu klären versucht hatte, blieb dieses Vorhaben in den Anfängen stecken. Am 10. März 1914 zog Kandinsky den Schlußstrich, als er an Marc schrieb:

»[...] seien Sie mir nicht böse, daß ich mich jetzt plötzlich zurückziehe. Es ist mir nicht angenehm, dies zu tun, aber ich muß es [...] Da mich meine Arbeit *jetzt* ganz besonders stark in Anspruch nimmt, so würden für mich nur schlechte Folgen entstehen: das eine und das andere würde ich nur halb machen. Und nichts von beiden mit der vollen Seele [...] Andererseits sah ich besonders klar, daß die Zeit für den B. R. noch nicht reif ist: Künstlerisches gibt es nicht ausreichend; das andere können wir nur *mit*machen, aber nicht machen. Es wäre nicht sehr gewissenhaft und schade um die Sache. Wollen wir doch mit dem zweiten Buch warten. Man darf nichts halb und halb machen und keine gewaltsamen Frühgeburten hervorrufen (...) Es ist mir Ihnen gegenüber *sehr* unangenehm – was soll ich aber anderes machen?«

Und am Schluß desselben Briefes artikuliert er noch einmal seinen geistigen Standpunkt, der darauf gerichtet war, die Einheit der Welt, die alle vermeintlichen Gegensätze in sich vereint, wahrzunehmen: »Es ist schon längst Zeit, die Grenzen zu verwischen, das Blut durch den ganzen Körper der Menschheit fließen zu lassen. Es wird ein Körper und ein Puls – die Auferstehung des verlorenen Paradieses.«

Der Ausbruch des ersten Weltkrieges beendete diesen beispiellosen künstlerischen Aufbruch am Beginn des 20. Jahrhunderts in München. Wassily Kandinsky mußte als Russe Deutschland verlassen und ging mit Gabriele Münter zunächst in die Schweiz, anschließend allein nach Rußland zurück. Alexej von Jawlensky und Marianne von Werefkin richteten sich unter schwierigsten Bedingungen am Genfer See ein. August Macke fiel in den ersten Wochen des Krieges in der Champagne, Franz Marc im Frühjahr 1916 vor Verdun, Paul Klee war Etappensoldat. Gabriele Münter traf sich noch einmal mit Kandinsky in Schweden, die Lebensgemeinschaft hatte jedoch bereits ihr Ende gefunden – Kandinsky heiratete 1917 in Moskau Nina Andrejewskaja. Nur Alfred Kubin blieb über den Wechsel der Zeiten hin in seinem Refugium in Zwickledt bei Wernstein am Inn.

Strenggenommen beschränkten sich die Ereignisse, mit denen »Der Blaue Reiter« öffentlich in Erscheinung trat – zwei Ausstellungen und der Almanach –, auf ein halbes Jahr. Aber die vermittelten Ideen legten den Grund für die Kunst des 20. Jahrhunderts und wurden weiterentwickelt: zunächst in der gemeinsamen Arbeit von Kandinsky und Klee am 1919 in Weimar gegründeten »Bauhaus« und ab 1924 in der losen Gemeinschaft, die beide, zusammen mit Jawlensky und Feininger, zu der Gruppe »Die Blaue Vier« verband.

Aber eigentlich trifft zu, was Kandinsky viel später sagte: »Der Blaue Reiter – das waren zwei: Franz Marc und ich.«

BILDTEIL

1 Wassily Kandinsky

Garten, 1910

Öl auf Leinwand, 66 × 82 cm

Als Kandinsky an einem Spätsommertag des Jahres 1910 in Murnau sein Bild *Garten* gestaltete, hatte er sich bereits mehr als zehn Jahre intensiv mit einem Metier beschäftigt, das man bis dahin als Landschaftsmalerei zu bezeichnen gewohnt war. Eine Fülle sogenannter »kleiner Ölstudien« belegt anschaulich sein Bemühen, Stimmung und Charakter einer Landschaft in klein gewähltem Ausschnitt in einer am Impressionismus orientierten Manier wiederzugeben. Und obwohl er 1906/07 ein Jahr zusammen mit seiner Gefährtin Gabriele Münter in Paris verbrachte, gewannen die Ideen der französischen Avantgarde zunächst keinerlei Einfluß auf sein eigenes künstlerisches Schaffen.

Erst als Kandinsky nach Jahren des Reisens mit Gabriele Münter wieder in München seßhaft geworden war, erhielt seine Malerei durch die Begegnung mit Alexej von Jawlensky und Marianne von Werefkin neue, wegweisende Impulse. Im Herbst 1908 besuchten die beiden Künstlerpaare zum erstenmal Murnau am Staffelsee zu einem gemeinsamen Studienaufenthalt. Mit verblüffender Geschwindigkeit entwickelte sich nun bei allen beteiligten Malern unter dem Motto »Synthese« eine Abkehr von gewohnter, auf dem Abbilden beruhender Maltradition zugunsten der Entdeckung eines neuen Phänomens, das man das »autonome Bild« nennen könnte.

In der bunten Farbenpracht des Gemäldes sind nur einzelne Motive deutlich zu erkennen, und zwar in der Perspektive, wie sie sich vom Garten des damals so genannten Russenhauses in Murnau aus ergibt: Kirche, Giebelwand des Alten Schlosses und ein Gartenhaus im Vordergrund. Durch formale Vereinfachung der Details und Steigerung der Farbintensität weist das Bild aber über das Flüchtige und Zufällige einer bloßen Naturstudie hinaus.

2 Wassily Kandinsky

Allerheiligen I, 1911

Hinterglasbild, 34,5 × 40,5 cm

Das kleine Hinterglasbild fasziniert durch seine strahlende, emaillehaft wirkende Farbigkeit und irritiert zugleich durch eine Fülle und Vielfalt der Darstellung, die sich dem Betrachter keineswegs unmittelbar erschließt. Von links ragt übergroß ein Engel ins Bild. Seine Posaune des Jüngsten Gerichts weist auf den einsam auf Golgatha aufgerichteten Kruzifixus, daneben trägt in gleißendem Licht die Taube den Ölzweig zu Noahs Arche. Im Vordergrund erscheinen, dicht gedrängt wie auf Wolken, viele Heilige. Einer von ihnen, der heilige Georg, reitet auf weißem Pferd auf ein Flammenmeer zu, dessen sprühende Funken bereits die ummauerte Stadt auf dem Berg links oben erreichen. Hinter ihren bunten Türmen geht die Sonne auf. Rechts unten hält ein liegender greiser Mönch eine Kerze, goldene und silberne Gewächse erstrahlen, Paradiesvogel und Schmetterling schweben in hellem Licht unter violetter Mondsichel.

Eine gleichzeitige Darstellung von räumlich und zeitlich derart weit auseinanderliegenden Begebenheiten war in der abendländischen christlichen Kunst des Mittelalters durchaus geläufig. Und tatsächlich knüpft Kandinsky über den Umweg der noch zu Beginn des 20. Jahrhunderts in Oberbayern lebendigen volkstümlichen Hinterglasmalerei hier an. Gabriele Münter erinnert sich in ihrem Tagebuch, daß Jawlensky eines Tages in Murnau eine riesige Sammlung von Hinterglasbildern entdeckte – die Sammlung Krötz, heute wichtigster Bestand des Heimatmuseums in Oberammergau.

Die befreundeten Maler waren begeistert und tief beeindruckt von der Eindringlichkeit dieser einfachen Formensprache, die ihrer eigenen Suche nach neuen Ausdrucksmöglichkeiten so sehr entgegenkam. Sie begannen selbst Hinterglasbilder zu malen, und Kandinsky versah häufig die Rahmen mit bunten Tupfen in der Manier anspruchsloser Volkskunst. Als einziger blieb er der religiösen Thematik dieser Kunstform verpflichtet. Seit der Entdeckung des Atomzerfalls war ihm bewußt geworden, daß die biblischen Berichte der Apokalypse Wirklichkeit werden könnten. Zentrales Anliegen seines gesamten künstlerischen Werkes wird nunmehr der eschatologische Themenkreis: Jüngstes Gericht und Auferstehung.

3 Wassily Kandinsky

Impression IV (Gendarme), 1911

Öl auf Leinwand, 95 × 107 cm

Auf den ersten Blick verwirrt dieses zweifellos suggestive Bild, und nur schwer läßt sich erkennen, was dargestellt ist. Noch der heutige Betrachter fühlt sich verunsichert, wieviel mehr mußte ein solches Bild im Jahr seiner Entstehung als Zumutung empfunden werden.

Dies hatte auch Kandinsky zu spüren bekommen. Er faßte daher den Entschluß, sich schriftlich über die Intentionen seiner Kunst zu äußern. In seinem 1912 erschienenen Buch *Über das Geistige in der Kunst* beschreibt er die verschiedenen Möglichkeiten der Entstehung derartig neuartiger, wie er sagt, »symphonischer Kompositionen«:

»1. direkter Eindruck von der ›äußeren Natur‹, welcher in einer zeichnerisch malerischen Form zum Ausdruck kommt. Diese Bilder nenne ich ›*Impressionen*‹;

2. hauptsächlich unbewußte, größtenteils plötzlich entstandene Ausdrücke der Vorgänge inneren Charakters, also Eindrücke von der ›inneren Natur‹. Diese Art nenne ich ›*Improvisationen*‹;

3. auf ähnliche Art (aber ganz besonders langsam) sich in mir bildende Ausdrücke, welche lange und beinahe pedantisch nach den ersten Entwürfen von mir geprüft und ausgearbeitet werden. Diese Art Bilder nenne ich ›*Komposition*‹. Hier spielt die Vernunft, das Bewußte, das Absichtliche, das Zweckmäßige eine überwiegende Rolle. Nur wird dabei nicht der Berechnung, sondern stets dem Gefühl recht gegeben.«

Es stellt sich die Frage, welche Impression das vorliegende Bild ausgelöst haben mag. Bei näherer Betrachtung der Einzelheiten entsteht durch den Portikus im Mittelgrund die Assoziation »Propyläen, Königsplatz München«. Die flackernde Helligkeit vor dunklem Nachthimmel erinnert an einen Fackelzug. Ein berittener Gendarm im Vordergrund bestätigt den Titel. Vorne links sind grüßende Passanten zu erkennen. Tatsächlich fand am 12. März 1911 anläßlich des neunzigsten Geburtstages des Prinzregenten Luitpold ein Fackelzug zum Königsplatz statt, neben den Propyläen standen fahrbare Pylonen mit lodernden Feuern.

Also: eine Impression im Sinne Kandinskys, aber dennoch kein impressionistisches Bild.

4 Wassily Kandinsky

Improvisation 19, 1911
Öl auf Leinwand, 120 × 141,5 cm

Wie mancher seiner Freunde hat sich auch Kandinsky etwa ab 1908 eingehend mit dem Gedankengut der Theosophie auseinandergesetzt. Er besuchte Vorträge Rudolf Steiners, verweist in seinem Buch *Über das Geistige in der Kunst* auf die Gründerin der Theosophischen Gesellschaft, Helena Blavatsky, und ihr Buch *Der Schlüssel der Theosophie* und besaß die 1908 auf deutsch erschienenen *Gedankenformen* von Annie Besant und C. W. Leadbeater. Dieses Buch, das auf vielen Farbtafeln übersinnliche Phänomene verschiedenster Formung bildlich veranschaulicht, war sicherlich für Kandinskys Entwicklung der gegenstandslosen Malerei von ebenso grundlegender Bedeutung wie Leadbeaters *Der sichtbare und der unsichtbare Mensch*, das im selben Jahr auf deutsch herauskam.

Im Abbildungsteil dieses Werkes finden sich Darstellungen verschiedenster Menschentypen in ihren Auren, wobei diese als farbige Gründe unterschiedlicher Tönungen und Verdichtungen den Menschen nicht nur umgeben, sondern durch ihn hindurch fortbestehen und weit über ihn hinaus existieren, während der Mensch lediglich im Umriß innerhalb dieser farbigen Auren angegeben wird. Es ist das Verdienst des finnischen Kunsthistorikers Sixten Ringbom, diese Zusammenhänge entdeckt zu haben, ohne deren Kenntnis die Intentionen Kandinskys, mit Hilfe der Malerei eine geistige Erneuerung des Menschen herbeizuführen und sich dazu einer ungegenständlichen Darstellungsweise zu bedienen, unverständlich bleiben müßten.

Improvisation 19, eines der bedeutendsten Werke Kandinskys, erschließt sich selbst vor diesem Hintergrund nur ahnungsweise. Der vielfarbige Grund des Bildes von unterschiedlicher Farbkonzentration und Dichte besteht ganz unabhängig von den ihm eingeschriebenen Gruppen überlängter, gesichtsloser, nur formelhaft im Kontur angedeuteter Gestalten. Sie scheinen zu kommen und zu gehen und lediglich vorübergehend teil an dieser vielfarbigen Dimension zu haben. Wie viele Kompositionen Kandinskys aus dieser Zeit gehört *Improvisation 19* dem eschatologischen Themenkreis an und muß im Zusammenhang mit Darstellungen des Jüngsten Gerichts gesehen werden.

5 Wassily Kandinsky

Improvisation 26 (Ruder), 1912

Öl auf Leinwand, 97 × 107,5 cm

Wie bei *Improvisation 19* (Abb. 4) gestaltete Kandinsky auch in diesem Bild zunächst einen vielfarbigen Grund. Innerhalb eines weißgrauen Kontinuums scheinen sich wolkenartige Gebilde unterschiedlicher Färbung und Dichte zu durchdringen und zu überlagern. Die Farbintensität der Gebilde nimmt teils gegen die Ränder hin zu, teils konzentriert sie sich in ihrer Mitte. Klare Abgrenzungen lassen sich nicht ausmachen, alles scheint in schwebender Bewegung.

In einem um 1908 benutzten Notizbuch Kandinskys finden sich Aufzeichnungen, die im Zusammenhang mit dem Studium von Aufsätzen Rudolf Steiners entstanden sind. Dort heißt es: »Imaginative Welt. Das Schweben der Farben etc. ›ohne Grund und Boden‹ (= ohne phys. Gegenstand) ist die Offenbarung der Wesenheiten, die den Menschen stets umgeben« – ein Satz, der dazu verhilft, dem Verständnis dieses Bildes näherzukommen.

In diese Welt farbiger Wolken hat der Künstler arabeskenhaft knapp Umrißkonturen einander zugewandter Gestalten und kräftige schräge schwarze Linien gezeichnet, die dem Bildtitel entsprechend als Ruder interpretiert werden können. So sind Menschen in einem Boot gemeint, wobei nicht wichtig ist, ob dies deutlich wird. Eher das Gegenteil, ein Bestreben nach Verunklärung kann vermutet werden. In dem vorbereitenden Hinterglasbild *Rudern* sind Einzelheiten noch klarer erkennbar. Das Reduzieren der Formen belegt Kandinskys Intention, in seinen Bildern eine einengende Begrenzung, die durch vordergründige Thematik entstehen würde, aufzuheben, indem er Eindeutigkeit vermeidet. So bleibt das Bild offen für den Betrachter, der sich seiner Schwingung überlassen kann, der Bewegung des Ruderns – auch im übertragenen Sinne –, die nur zum kleinsten Teil auf aktivem Tun des Menschen beruht.

Nach Kandinskys Definition bedeutet »Improvisation« die Darstellung eines Vorganges »inneren Charakters«, eines Eindrucks von der »inneren Natur«, eine innere Erfahrung. Das Motiv rudernder Menschen im Boot hat Kandinsky häufig verwendet und allmählich zur Chiffre verkürzt. Und in dieser Form taucht es, wie auch das Motiv des Reitens, immer wieder in seinem Werk noch innerhalb vollständig gegenstandsloser Figurationen auf, als letzter Rest einer Metapher für Formen menschlichen Handelns.

6 Wassily Kandinsky

Improvisation Klamm, 1914
Öl auf Leinwand, 110 × 110 cm

Nach Auskunft von Gabriele Münter entstand dieses Bild im Anschluß an einen gemeinsamen Ausflug in die Höllentalklamm bei Garmisch-Partenkirchen am 3. Juli 1914. Daß Kandinsky die Komposition bereits früher beschäftigte und sie demnach nicht lediglich eine »Impression« darstellt, beweist eine Bleistiftskizze vom 22. Juni 1914 mit dem Titel *Sonnenuntergang*. Einzelheiten, im Bild stärker verschlüsselt, lassen sich auf der Zeichnung deutlicher ablesen: am linken Bildrand Linien wie ein Schienenstrang, zur Bildmitte hin Formen wie Leitern oder Strickleitern, auch Wasser und Boote, vor allem aber, von links heransprengend, einer der apokalyptischen Reiter mit den Schalen der Seelenwaage an langer Stange. Im Vordergrund auf schmalem Steg ein Paar in bayerischer Tracht.

Vier Wochen nach dem genannten Ausflug mußte Kandinsky Deutschland verlassen. Auf abenteuerlichen Umwegen über den Balkan kehrte er schließlich nach Rußland zurück. Auch das gemeinsame Leben mit Gabriele Münter war beendet. Viele biographische Reminiszenzen scheinen in das Bild eingegangen zu sein. Es ist das letzte von Kandinsky vor Ausbruch des ersten Weltkrieges in Deutschland gemalte Bild, das zugleich seine Entwicklung zur gegenstandslosen Malerei – zur konkreten Kunst, wie er sie nannte – abschließt. Die Zeit des »Blauen Reiter« war zu Ende. Für Kandinsky begann in Rußland eine neue Phase seiner Kunst.

7 Gabriele Münter

Bildnis Kandinsky, 1906

Farblinolschnitt, 24,4 × 17,7 cm

Gabriele Münter, seit 1902 Schülerin und Gefährtin Kandinskys, hielt lebenslang an den überlieferten Themen der Malerei – Porträt, Interieur, Stilleben und Landschaft – fest.

Auf Zureden Kandinskys versuchte sie sich auch auf dem Gebiet der graphischen Arbeit, und es entstand eine Reihe reizvoller Farblinolschnitte, die durch Präzision, großzügigen Bildaufbau und souveräne Treffsicherheit bestechen.

Bereits 1907 konnte sie im »Salon d'Automne« in Paris das *Bildnis Kandinsky* ausstellen. Die Silhouette des Kopfes, groß gesehen vor großflächigem Hintergrund, läßt in der kraftvollen Gestaltung schon an die Malerei der »Fauves« denken, obwohl im Lineament der Fläche Jugendstilelemente spürbar bleiben. Es fasziniert der aufmerksame Blick Kandinskys, der die Künstlerin fixiert – der Beobachter, der den Betrachtenden in Bann hält: herausfordernde Partnerschaft zwischen beiden.

8 Gabriele Münter

Interieur, um 1909

Öl auf Pappe, 53 × 71 cm

Auf Spaziergängen hatten Kandinsky und Gabriele Münter am Ortsrand von Murnau ein einzeln stehendes Haus entdeckt, das ihnen gefiel und grade bezugsfertig geworden war. Gabriele Münter kaufte es im Sommer 1909 und bewohnte es zunächst mit Kandinsky, dann allein und zuletzt, bis zu ihrem Lebensende, mit Johannes Eichner, ihrem späteren Biographen. Seit 1984 ist das »Münter-Haus« der Öffentlichkeit zugänglich.

Interieur schildert die sparsam eingerichteten Räume im oberen Stock des Hauses, das weder fließendes Wasser noch elektrisches Licht besaß. Das Mobiliar bestand aus einfachen gestrichenen Gebrauchsgegenständen aus Fichtenholz, teilweise von Kandinsky, später auch von ihr anspruchslos, aber dekorativ bemalt. Neben dem Fenster ist eine frühe Temperaarbeit Kandinskys zu erkennen – *Spazierende Dame*, ein erstes Geschenk von ihm an die Gefährtin.

9 Gabriele Münter

Blick aufs Murnauer Moos, 1908

Öl auf Pappe, 32,7 × 40,5 cm

Gabriele Münter schreibt im Mai 1911 in ihrem Tagebuch: »Murnau hatten wir auf einem Ausflug gesehen und an Jawlensky und Werefkin empfohlen – die uns im Herbst auch hinriefen. Wir wohnten Griesbräu und es gefiel uns sehr. Ich habe da nach einer kurzen Zeit der Qual einen großen Sprung gemacht – vom Naturabmalen – mehr oder weniger impressionistisch – zum Fühlen eines Inhaltes – zum Abstrahieren – zum Geben eines Extraktes.«

Das Bild, spontan und frisch, enthält die ganze für Gabriele Münter typische Palette leicht melancholischer Blaugrüntöne in Verbindung mit Violett und Rosa, die eine Stimmung von eigenem Reiz erzeugen. Es muß während des ersten Aufenthaltes in Murnau im August/September 1908 entstanden sein.

10 Gabriele Münter

Jawlensky und Werefkin, um 1908/09
Öl auf Pappe, 32,7 × 44,5 cm

In der Gegenüberstellung von Gabriele Münters Bild *Jawlensky und Werefkin* mit Jawlenskys *Sommerabend in Murnau* wird die innere künstlerische Verwandtschaft spürbar, die beide zu dieser Zeit verband und ihrer gemeinsamen Arbeit zusätzliche Impulse verlieh. Die Bilder entsprechen einander in ihrer großzügigen Anlage, in der dunkel konturierte, intensiv farbige Flächen gegeneinandergesetzt einen starken Klang ergeben und eine jeweils unterschiedliche Stimmung von latenter Melancholie eindringlich und dennoch zart zum Ausdruck bringen. Locker und rasch auf braune Strohpappe gemalt, bezeugen sie größte Souveränität in der Beherrschung neu entdeckter Ausdrucksmittel.

11 Alexej von Jawlensky

Sommerabend in Murnau, um 1908/09
Öl auf Pappe, 33,2 × 45,1 cm

Jawlenskys großflächig angelegtes, durch wenige ruhige, kraftvolle Konturen strukturiertes Bild beeindruckt durch die Knappheit seiner formalen Gliederung. Lediglich Vordergrundsebene, Bergrücken und stark farbige Wolkenformationen vor leuchtendem Himmel stehen gegeneinander und verdichten sich zu einer eindrucksvollen Bildaussage. Jawlensky verdankte den Anstoß zu derartiger Vereinfachung der Darstellung seiner Begegnung mit Matisse im Jahr 1905, und auch eine Verwandtschaft zu Kompositionen von Le Fauconnier wird deutlich. Durch seine ausgeprägte Aufnahmebereitschaft für formale Anregungen aus dem Kreis der »Fauves« wurde er in der ersten Murnauer Zeit für Kandinsky und Gabriele Münter künstlerisch richtungweisend.

12 Gabriele Münter

Bildnis Marianne von Werefkin, 1909
Öl auf Pappe, 81 × 55 cm

Das faszinierende Porträt einer sprühend lebendigen, extravaganten Person, Mittelpunkt eines Kreises junger Künstler in ihrem Salon in der Giselastraße 33 in München, aus dem 1909 die »Neue Künstlervereinigung München« hervorging, entstand in Murnau. Gabriele Münter gelang mit diesem Werk eines der ausdrucksvollsten Bildnisse aus dem Kreis des »Blauen Reiter«.

Die Bedeutung der Werefkin, die indirekt zu den wichtigen Wegbereitern der abstrakten Kunst in Deutschland gehört, lag weniger in ihrer Malerei als in der Gabe, andere Künstler in ihrer jeweiligen Eigenart erkannt, sie durch Herausforderung gefördert und ihnen dadurch zu eigenen Aussageformen verholfen zu haben. Sie war es, die etwa zur Zeit der Entstehung dieses Bildes die expressive, vom Gegenstand unabhängige Bedeutung der Farbe nicht nur für sich selbst entdeckte, sondern auch die anderen Künstler in dieser Richtung anregte. Ganz offensichtlich hat sich ihre befähigende Kraft während der Ausführung des Porträts auf Gabriele Münter übertragen.

Münter

13 Gabriele Münter

Grabkreuze in Kochel, 1909
Öl auf Pappe, 40,5 × 32,8 cm

Kandinsky hat Gabriele Münter in langem Wintermantel mit flachem Hut, die Hände in Fingerhandschuhen, mitten auf dem tief verschneiten Friedhof in Kochel bei der Arbeit an diesem Bild vor ihrer Klappstaffelei photographiert. Die Sonne wirft schräge Schlagschatten, es ist Ende Februar 1909. Beide besuchten für einige Tage den russischen Komponisten Thomas von Hartmann in Kochel und nutzten den Aufenthalt zu Studien vor der Natur.

In ihrer von Kandinsky immer bewunderten sicher zupackenden Art wählt Gabriele Münter als nah gesehenes Motiv einige Grabkreuze, so wie sie sie zufällig vorfindet, und widmet ihre Aufmerksamkeit dem ornamental-dekorativen Spiel von Gegenstand und farbigen Schatten im Schnee. An der Kirchhofsmauer im Hintergrund erscheint halb angeschnitten und kaum erkennbar der untere Teil eines Gnadenbildes, wodurch in Form und Farbe der Eindruck naiver, aber ausdrucksstarker Volkskunst eine weitere Akzentuierung erfährt.

14 Gabriele Münter

Dunkles Stilleben (Geheimnis), 1911
Öl auf Leinwand, 78,5 × 100,5 cm

Fasziniert von den oberbayerischen Hinterglasbildern und anderen Gegenständen der Volkskunst, hatten Kandinsky und Gabriele Münter Hinterglasbilder gesammelt, die in der gemeinsamen Wohnung in der Ainmillerstraße 36 in München eine ganze Wand bedeckten. Ein Photo hält das Arrangement kleiner Holzfiguren, Votivgaben und bäuerlicher Keramik auf einem Tisch vor dieser Wand fest.

Genau dieses Motiv hat die Malerin zum Gegenstand ihres Stillebens gemacht. Es muß allerdings eine ganz besondere Beleuchtung, etwa das Licht einer eben entzündeten Straßenlaterne oder einfallendes Mondlicht, die Szenerie im dunklen Zimmer plötzlich in eine geheimnisvolle Stimmung versetzt haben, in der die Dinge scheinbar ein Eigenleben gewannen. Es ist typisch für Gabriele Münter: Zum Bild werden ihr nicht die Gegebenheiten an sich, sondern bestimmte sich wandelnde, vergängliche Situationen – Augenblicksstimmungen, die, meist durch eine knappe Umrißzeichnung auf irgendeinem Stück Papier festgehalten, erst Tage nach dem Erlebnis in großem Format ausgeführt wurden. August Macke besaß ein feines Empfinden hierfür. Er schrieb an Franz Marc über die Münter: »Ich habe das Gefühl, das sie stark zum Geheimnisvollen (siehe Stilleben, Heilige, Lilien in Gartenecke, scharf beleuchtete Gewitterwolke, Lampen und Altväterstühle) neigt. Es ist etwas ›deutsches‹ darin, etwas Altar- und Familienromantik. Ich habe sie sehr, sehr gern.«

15 Marianne von Werefkin

Wäscherinnen, um 1909

Tempera auf Papier, auf Pappe aufgezogen, 50,5 × 64 cm

Die Bilder Marianne von Werefkins zeigen erstaunlicherweise keinerlei Verwandtschaft zu den gleichzeitigen Werken von Jawlensky, Kandinsky und Gabriele Münter, wenn auch den *Wäscherinnen* zweifellos eine bildliche Anregung aus Murnau zugrunde liegt. Aus dem Gefühl heraus, daß ihre dem Symbolismus zuneigende Sicht der Dinge formal die Großzügigkeit und Gestaltungskraft der Freunde nicht erreichen konnte, hielt sie sich mit eigenen Arbeiten zurück. Dennoch gelangen auch ihr immer wieder Kompositionen von bedrängender Wirkung. Die leuchtende Farbigkeit von *Wäscherinnen* scheint dem eigenartigen, beinahe mystischen Gehalt des Bildes zuwiderzulaufen und steigert damit die Intensität seiner Aussage.

16 Alexej von Jawlensky

Der Bucklige, 1905
Öl auf Pappe, 52,5 × 49,5 cm

Bereits seit dem Herbst 1903, als Jawlensky im »Salon d'Automne« in Paris Werke von Henri Matisse, Albert Marquet und von »Nabis«-Künstlern wie Pierre Bonnard und Edouard Vuillard, Maurice Denis und Paul Sérusier gesehen hatte, wird deren Einfluß durch eine sichtbar gesteigerte Farbigkeit seiner Bilder spürbar.

Das Bildnis eines jungen Bretonen entstand während eines Sommeraufenthaltes 1905 in der Bretagne am Meer bei Carantec. Jawlensky äußert sich in seinen 1970 erstmals publizierten *Lebenserinnerungen* über diese Zeit:

»Und ich verstand, die Natur entsprechend meiner glühenden Seele in Farben zu übersetzen. Ich malte dort viele Landschaften, vom Fenster aus Gebüsche und bretonische Köpfe. Die Bilder waren glühend in Farben. Und mein Inneres war damals zufrieden [...] Zum erstenmal habe ich damals verstanden zu malen, nicht das, was ich sehe, aber das, was ich fühle.«

Im Herbst desselben Jahres konnte er zehn der in diesem Sommer gemalten Bilder mit Erfolg im »Salon d'Automne« ausstellen.

17 Alexej von Jawlensky

Bildnis des Tänzers Alexander Sacharoff, 1909
Öl auf Pappe, 69,5 × 66,5 cm

Im Jahr 1909 schuf Jawlensky mindestens drei Porträts des mit ihm befreundeten jungen Tänzers Alexander Sacharoff, der damals am Beginn seiner Karriere stand. Nach mündlicher Überlieferung seiner Frau und Partnerin Clotilde von Derp, aus deren Besitz das Bild stammt, führte Jawlensky es ganz schnell aus, als Sacharoff ihn eines Abends vor einem Auftritt, bereits im Kostüm und geschminkt, im Atelier besuchte. Sacharoff soll die noch feuchte Pappe sofort mitgenommen haben, aus Furcht, daß Jawlensky sie – wie häufig in solchen Fällen – wieder übermale.

18 Alexej von Jawlensky

Murnauer Landschaft, 1909
Öl auf Pappe, 50,5 × 54,5 cm

Jawlensky gestaltet das Erlebnis dieser Landschaft, wie bereits in *Sommerabend in Murnau* (Abb. 11), in einer flächenbezogenen Ordnung, in der die Formen von Landschaft und Bäumen zu annähernd geometrischen Gebilden zusammenwachsen. Sowohl bei Kandinsky als auch bei Gabriele Münter finden sich zur gleichen Zeit ähnlich aufgebaute Landschaftskompositionen, die ein gleichgerichtetes Bemühen um gesteigerte Aussagekraft veranschaulichen.

Murnauer Landschaft gehört in der außergewöhnlichen, ja fast gefährlich anmutenden Farbigkeit und der formal gleichen Gewichtung von Dingen und ihren Schatten zu den ausdrucksvollsten Landschaftsdarstellungen Jawlenskys.

19 Alexej von Jawlensky

Spanierin, 1913
Öl auf Pappe, 67 × 48,5 cm

Im Werk Jawlenskys vollzieht sich etwa im Jahr 1911 eine entscheidende Wandlung. Das traditionelle Thema »Porträt« wird immer mehr auf den Bereich des Kopfes reduziert und die Vielfalt des Individuellen zugunsten einer Typisierung aufgegeben. Die Umrisse von Gesicht, Schulter, Hals und Haaransatz, Mund, Augen und Nase werden überstark konturiert und durch intensive Farbigkeit im Ausdruck gesteigert. Es deutet sich an, daß das Gesicht des Menschen für Jawlensky zum vorrangigen Thema wird, zum Rätsel und zur Offenbarung gleichermaßen. In späteren Jahren hat er sich nahezu ausschließlich damit auseinandergesetzt und es in unzähligen Köpfen, Gesichten und Meditationen zur Ikone gestaltet.

Dunkel glühend, auf die Töne Schwarz, Blau, Violett und Rot gestimmt, erscheint der Typus der »Spanierin« ähnlich wie derjenige der gleichzeitig entstandenen »Byzantinerin«, »Sizilianerin« oder »Kreolin« in einer Zwischenphase, in der das Spezifische im Überpersönlichen gesucht wird.

20 Franz Marc

Akt mit Katze, 1910
Öl auf Leinwand, 88 × 82 cm

Nach seinem Studium an der Münchner Akademie widmete sich Marc, von einigen Porträts abgesehen, bis zum Jahr 1909 hauptsächlich der Darstellung von Tieren in ihrer Umgebung. Wie die meisten Künstler dieser Zeit orientierte er sich zunächst am französischen Impressionismus und schließlich an Werken van Goghs. Immer jedoch bediente er sich einer zurückhaltenden Farbpalette.

Das Jahr 1910 bringt die Wende. Im Januar lernt Marc August Macke und Bernhard Koehler, ihren späteren Mäzen, kennen, im Februar findet seine erste Ausstellung in Brakls Moderner Kunsthandlung in München mit positivem Echo statt.

Akt mit Katze ist das erste Bild von Marc, in dem die Farbe, unabhängig vom Gegenstand, einen eigenen Aussagewert erhält. Wahrscheinlich hatte Macke ihn zu diesem Schritt ermutigt und ihn an Bilder der »Fauves« erinnert, die Marc drei Jahre zuvor bei seinem letzten Aufenthalt in Paris gesehen hatte.

21 Franz Marc

Blaues Pferd I, 1911
Öl auf Leinwand, 112 × 84,5 cm

Die große Popularität des im ersten Weltkrieg gefallenen Künstlers, dessen Werke wohl häufiger als die jedes anderen Malers reproduziert wurden, hat gewiß dem Verständnis seiner Bilder, dem wirklichen Vernehmen ihrer schwer erfaßbaren Botschaft eher im Wege gestanden. Seine Konzentration auf das Tierbild in ungewöhnlich plakativer, farbintensiver Vereinfachung schien zu erlauben, diese Malerei lediglich als griffige, moderne Dekoration zu verstehen. Marcs Anspruch zielt jedoch in eine ganz andere Richtung. Er versucht, durch seine Darstellung des Tieres eine »Animalisierung der Kunst« zu erreichen. Damit möchte er die »Unteilbarkeit allen Seins« vermitteln, und zwar mit dem Ziel, daß auch der Mensch sich so in den Kosmos eingebettet erleben soll, wie er es bei Tier und Pflanze als selbstverständlich erkennt. Denn nur aus dem Erleben dieser Eingebundenheit heraus kann der Mensch seinen unheilvollen Drang aufgeben, beherrschen zu wollen. Dies würde das Ende des materiellen Denkens bedeuten, und hier würde das Zeitalter des großen Geistigen anbrechen. Im Vermitteln dieser Botschaft sah Marc seine Aufgabe als Künstler. Sie verband ihn mit Kandinsky und wurde zur Leitidee des »Blauen Reiter«.

In diesem Sinne wäre *Blaues Pferd I* als erstes Beispiel für einen ausgeprägten Symbolgehalt in Marcs Werk aufzufassen. Wie in Kandinskys *Improvisation 26* (Abb. 5) oder in *Improvisation 19* (Abb. 4) erscheint der Grund des Bildes in den reinen Farben des Spektrums, teils diffus, teils an den Rändern oder Übergängen verdichtet, und suggeriert damit das Immaterielle schlechthin. Materiell wirkt zunächst nur das Lebewesen und der Grund, auf dem es steht – und doch auch wieder nicht, indem beides letztlich doch keine andere Stofflichkeit besitzt als das Immaterielle, allenfalls eine größere Dichte. Das Abstrahieren von Realität, ein Prozeß, der sich in der französischen Kunst rein im Formalen artikuliert, wird bei den Künstlern des »Blauen Reiter«, ganz besonders jedoch bei Marc und Kandinsky, zum eigentlichen Bildinhalt.

22 Franz Marc

Reh im Walde II, 1912
Öl auf Leinwand, 110 × 81 cm

Das Bild ist die Variante einer 1911 gemalten und auf der »Ersten Ausstellung der Redaktion ›Der Blaue Reiter‹« gezeigten Version, jedoch wird hier eine deutliche Beeinflussung durch die Malerei der Kubisten erkennbar. Braque und Picasso waren bereits 1910 auf der zweiten Ausstellung der »Neuen Künstlervereinigung München« vertreten, die Marc so sehr beeindruckt hatte. In seinem Aufsatz *Die »Wilden« Deutschlands* im Almanach *Der Blaue Reiter* beschreibt er deren befreiende Wirkung, und es heißt:

»Sie gaben zu denken, und man begriff, daß es sich in der Kunst um die tiefsten Dinge handelt, daß die Erneuerung nicht formal sein darf, sondern eine Neugeburt des Denkens ist.«

Seine Thematik bleibt in diesem Sinne die vollständige Einbindung des Lebewesens in die Natur, hier veranschaulicht durch das an den Waldboden gedrückte Reh, dessen Existenz gänzlich auf dem Austausch zwischen ihm und seiner Umgebung beruht.

23 Franz Marc

Rotes Pferd und gelbes Rind, 1913

Aquarell und Collage, 14 × 9 cm

Diese kleine Gelegenheitsarbeit ist eine der über fünfzig Postkarten, die Marc im Jahr 1913 gestaltete und an seine Freunde verschickte. Sie ist an Alfred Kubin gerichtet, trägt den Poststempel »21.5.1913« und lautet:

»Lieber Kubin,

es freut mich, daß Ihnen das Blatt gefällt, ich hab auch viel Genuß an den Drucken. – Wir haben noch keinen Verleger gesprochen. Ich dachte es ist besser, wenn wir einige Proben gewissermaßen als Belege des ernsthaften Unternehmens vorlegen könnten. Kokoschka hat seine Beteiligung fest zugesagt, das Buch Hiob.

Können Sie einen Verleger vorschlagen? Von Piper rate ich ziemlich ab.

Gruß F. Marc.«

Marc bezieht sich auf eine geplante illustrierte Bibelausgabe, an der außer ihm und Kandinsky auch Klee, Kokoschka, Heckel und Kubin mitwirken sollten. Kandinsky hatte sich die Gestaltung der Apokalypse vorbehalten, Marc das erste Buch Mose, Kokoschka das Buch Hiob. Das von Kubin illustrierte Buch Daniel ist als einziges der geplanten Gesamtausgabe tatsächlich 1918 bei Georg Müller in München erschienen, von Marc sind vier Holzschnitte erhalten, von Heckel nur Entwürfe zu Holzschnitten.

Die Vögel, 1914
Öl auf Leinwand, 109 × 100 cm

Der amerikanische Kunsthistoriker Frederic S. Levine hat in seinem Buch *The Apocalyptic Vision* den Symbolgehalt der auf diesem Bild dargestellten Tiere zu deuten versucht: Vögel können sich emporschwingen und verweisen so metaphorisch auf den Bereich des Kosmischen und Universellen. Eine allgemeine Endzeitvorstellung, die als vorherrschendes Thema die Kunst Kandinskys bestimmte, führte auch Marc zu ähnlichen Gedanken. In der Offenbarung Johannes' heißt es an einer Stelle: »Und ich sah einen Engel in der Sonne stehen, der rief mit lauter Stimme allen Vögeln, die hoch im Himmel fliegen, zu: ›Kommt und versammelt euch zum großen Mahle Gottes.‹« Marc nahm solche Worte sehr ernst. Noch aus dem Feld schrieb er an seine Frau: »Du mußt nicht denken, daß ich die Bibel ›poetisch‹ lese, ich lese sie als Wahrheit, wie ich [...] reine Kunst als Wahrheit sehe.«

Die Vögel sind eines der letzten großen Werke Marcs aus dem Jahr 1914. Die Bildfläche erstrahlt in farbigen, prismatischen Lichtbrechungen. Innerhalb dieser kristallinen Struktur sind als Reste einer Realität im gebräuchlichen Sinne ein wie eine hohe Brüstung gestalteter Mauerabschluß und ein Fenster in der linken unteren Bildecke zu sehen und, in der Mitte fliegend, von oben herabstürzend und auf der Mauerbrüstung sitzend, drei große Vögel. Das Gemälde ist kurz vor Ausbruch des ersten Weltkriegs entstanden. Seine apokalyptische Vision entspricht derjenigen mittelalterlicher Handschriften, in denen als Illustrationen der Apokalypse Vögel im Luftraum über den nur am unteren Bildrand sichtbaren Mauern und Zinnen der gefallenen Stadt Babylon zu sehen sind. Es ist gleichsam ein Vermächtnis von Franz Marc, obwohl es – auch das gehört zu diesem Bild – nicht ganz vollendet ist.

25 Heinrich Campendonk

Wald, Mädchen, Ziege, 1917
Öl auf Leinwand, 94 × 64 cm

Die Begegnung zwischen Campendonk und den Künstlern des »Blauen Reiter« ergab sich durch Helmuth Macke, den Vetter von August Macke. Marc überredete Campendonk im Herbst 1911, nach Sindelsdorf in Oberbayern überzusiedeln, wo er selbst lebte. Die dörfliche Idylle wurde motivisch richtungweisend für Campendonks pastorale Bildthemen, die etwa ab 1916 wie ins Märchenhaft-Mythische gesteigert erscheinen. Auf der »Ersten Ausstellung der Redaktion ›Der Blaue Reiter‹« wurden zwei seiner Bilder gezeigt, deren Thematik – animalische Lebewesen in der Landschaft – derjenigen Marcs verwandt ist, ohne jedoch dessen formale und inhaltliche Steigerung ins Monumentale anzustreben.

Der rote Blick, 1910
Öl auf Pappe, 32,2 × 24,6 cm

Beeindruckt von einem Konzert mit Werken Arnold Schönbergs am 2. Januar 1911 im Münchner Odeon, schrieb der sonst eher zurückhaltende Kandinsky einen Brief an den ihm bis dahin unbekannten Komponisten, in dem es heißt: »Sie haben in Ihren Werken das verwirklicht, wonach ich in freilich unbestimmter Form in der Musik so eine große Sehnsucht hatte [...] Ich finde eben, daß unsere heutige Harmonie nicht auf dem ›geometrischen‹ Wege zu finden ist, sondern auf dem direkt antigeometrischen, antilogischen. Und dieser Weg ist der der ›Dissonanzen in der *Kunst*‹, also auch in der Malerei ebenso, wie in der Musik.«

Aus dem anschließenden Briefwechsel ergaben sich persönliche Bekanntschaft und Freundschaft zwischen Kandinsky und Schönberg, der seinen Empfindungen zuweilen auch in unglaublich expressiven Malereien Ausdruck verlieh. Von diesen Arbeiten fasziniert, verfaßte Kandinsky einen Beitrag für den 1912 im Piper Verlag erschienenen Band *Arnold Schönberg,* in dem es heißt:

»Die Bilder Schönbergs zerfallen in zwei Arten: die einen sind direkt nach der Natur gemalte Menschen, Landschaften; die anderen – intuitiv empfundene Köpfe, die er ›Visionen‹ nennt.

Die ersten bezeichnet Schönberg selbst als ihm notwendige Fingerübungen, legt keinen besonderen Wert auf sie und stellt sie nicht gern aus.

Die zweiten malt er (ebenso selten wie die ersten), um seine Gemütsbewegungen, die keine musikalische Form finden, zum Ausdruck zu bringen.«

ARNOLD SCHOENBERG MAI 1910

27 August Macke

Bildnis Bernhard Koehler, 1910

Öl auf Leinwand, 63,5 × 41 cm

Dem Berliner Großkaufmann und Onkel von Mackes Frau Elisabeth, Bernhard Koehler, kommt als Mäzen für Wirkung und Ausbreitung der Kunst und der Ideen des »Blauen Reiter« außerordentliche Bedeutung zu. Vor allem Marc und Macke unterstützte er auf großzügige Weise. Ab Sommer 1910 ließ er Marc, der ihm das Vorkaufsrecht auf seine Bilder einräumte, ein monatliches Fixum zukommen. Von Macke erwarb er regelmäßig neue Arbeiten und finanzierte neben Bildungsreisen nach Paris seine Reise nach Tunesien. 1911 kam Koehler zur Ausrichtung und Eröffnung der ersten Ausstellung »Der Blaue Reiter« nach München und kaufte sofort einige Bilder von Campendonk, Delaunay, Kandinsky und Gabriele Münter. Auch für die Publikation des Almanach *Der Blaue Reiter* stellte er die Mittel zur Verfügung. Kandinsky erinnert sich 1930 in einem Brief an den Kunstschriftsteller Paul Westheim:

»Es drängt mich, noch den überaus großzügigen Mäzen von Franz Marc, den auch kürzlich verstorbenen *Bernhard Koehler*, zu erwähnen. Ohne seine hilfreiche Hand wäre der Blaue Reiter doch eine schöne Utopie geblieben, auch ›Der erste Deutsche Herbst-Salon‹ von Herwarth Walden und manches andere.«

Als Bernhard-Koehler-Stiftung gelangte seine Sammlung 1965 in die Städtische Galerie in München.

Macke hat Koehler verschiedentlich porträtiert, wobei seine Darstellungsweise, großflächig und plakativ, am ehesten der Malerei der »Fauves« verpflichtet ist.

28 August Macke

Indianer auf Pferden, 1911
Öl auf Holz, 44 × 60 cm

Mackes Bildwelt, deren strahlender Zauber immer wieder fasziniert, entstand ganz aus der Anschauung der Natur. Gedankliche Spekulationen und geistige Erkenntnisse in Malerei umzusetzen oder Symbole zu schaffen, die als geistige Leitbilder über sich hinaus wirksam werden sollten, lag ihm fern. Für ihn war, wie er 1910 an den Jugendfreund Hans Thuar schreibt, »malen ein Durchfreuen der Natur«.

Indianer auf Pferden gehört zu den wenigen Werken, die in unmittelbarer Nähe zu den Ideen des »Blauen Reiter« nicht aus der direkten Naturanschauung, sondern aus der Phantasie erwachsen sind. Es ist formal mit Arbeiten Franz Marcs aus dieser Zeit vergleichbar, in denen, wie in *Blaues Pferd I* (Abb. 21), die Farbe einen autonomen Aussagewert gewinnt und die Landschaft auf einfache, fast kubische Formen reduziert erscheint. Dabei geht es in diesem Bild um etwas ganz anderes als bei Marc. Wo dort schwer vermittelbarer geistiger Anspruch herrscht, so hier der Zauber einer Stimmung, ein märchenhaft-mythischer Klang voller Poesie, der sich, weil ihm alles Eindeutige fehlt, immer wieder erneuert.

Das Bild war auf der ersten Ausstellung »Der Blaue Reiter« in der Galerie Thannhauser in München zu sehen und ging von dort mit auf Tournee durch Deutschland. Mit dieser und einigen wenigen anderen Arbeiten, zum Beispiel dem im Almanach abgebildeten *Sturm*, scheint Macke Kandinsky und Marc künstlerisch näherzustehen, als dies tatsächlich der Fall war.

29 August Macke

Hutladen, 1913

Öl auf Leinwand, 54,5 × 44 cm

Während eines achtmonatigen arbeitsreichen Sommeraufenthaltes am Thuner See in der Schweiz im Jahr 1913 gelang Macke eine Fülle von Bildern und Aquarellen vielfältiger Art, deren farbige Pracht und zeitlose Zuständlichkeit die Welt als friedvoll und paradiesisch erleben lassen. In anspruchslosen Sujets wie Spaziergängern, Menschen im Park oder Frauen bei der Betrachtung von Schaufenstern, die er in den Laubengängen von Thun fand, scheinen sich ihm Dimensionen einer Weltsicht zu erschließen, die über das Vordergründige der Darstellung hinausweist. In einem Brief an Rainer Maria Rilke aus dem Jahr 1916 empfand es Ilse Erdmann, die Schwägerin von Mackes Frau Elisabeth, »als ob in diesem Stehenbleiben und gleich wieder weitergehen sich ihm die Erfahrung der Vergänglichkeit offenbart hätte«.

In den prismenartigen Spiegelungen und Lichtbrechungen der Schaufenster wird die Anregung durch Delaunay spürbar, wenngleich das Gegenständliche bei Macke immer vorrangig bleibt.

30 August Macke

Türkisches Café, 1914
Öl auf Holz, 60 × 35 cm

Als beliebteste Zeugnisse der »klassischen Moderne« gelten allgemein Mackes »Tunis«-Aquarelle, die ihre Entstehung der berühmt gewordenen Reise nach Tunesien verdanken, die er zusammen mit Paul Klee und Louis Moilliet im April 1914 unternahm. Vor Ort wurde ausschließlich gezeichnet und aquarelliert, und daher sind nur wenige Ölbilder Mackes auf dortige Erlebnisse zurückzuführen.

Das *Türkische Café*, für das nach Erinnerung von Moilliet der mit einer Markise überdachte Eingang neben der Treppe zu einem Café in Sidi-Bou-Said das Motiv abgab, wurde erst nach der Rückkehr als Dank für Bernhard Koehler gemalt, der Macke zu der Reise verholfen hatte. Es fußt auf einer in Tunesien gefertigten Zeichnung mit Farbangaben und vermittelt in seinen klaren Farben und Formen die Ruhe, Stille und Einfachheit einer vergangenen arabischen Welt.

31 Robert Delaunay

Fenêtre sur la ville, 1914
Wachsmalerei auf Pappe, 24,8 × 20 cm

Im Herbst 1912 besuchten Marc und Macke auf einer gemeinsamen Reise Delaunay in Paris. Delaunay war zu dieser Zeit mit seinen sogenannten »Fensterbildern« beschäftigt, die nach der »époque destructive« die »époque constructive« in seinem Werk einleiten. In verschiedenen Fassungen, größtenteils in den Sommermonaten im Vallée de Chevreuse entstanden, existieren mindestens achtzehn Bilder zu diesem Thema. Marc schreibt darüber am 5. Oktober 1912 an Kandinsky: »[…] er arbeitet sich zu wirklich konstruktiven Bildern durch, ohne jede Gegenständlichkeit, man könnte sagen: rein klangliche Fugen; es scheint mir, daß er sich dabei noch viel zu sehr auf Complementärfarben und Prismenwirkung stützt […]«

Als »Motive« der Fensterbilder tauchen innerhalb der farblich kristallinen Struktur die Stadt, der Eiffelturm und das Riesenrad auf, wobei die Farbe ganz zum Träger der Bildkonstruktion wird und für Thema, Form, Raum und Bewegung eintritt.

Delaunay selbst formuliert 1924, veröffentlicht in seinem Buch *Du Cubisme à l'Art abstrait* (Paris 1957): »Ich habe eine Architektur aus Farben gewagt, in der Hoffnung, die Impulse, den Zustand einer dynamischen Poesie zu realisieren und dabei ausschließlich in den malerischen Mitteln zu bleiben, bar jeder Literatur, jeder beschreibenden Anekdote.«

Delaunays Bestrebungen beschäftigten und beeinflußten sowohl Marc als Macke, beide nutzten sie in ihrem Werk auf unterschiedliche Weise.

32 Alfred Kubin

Schlange im Büro, 1913

Aquarellierte Federzeichnung, 31,6 × 19,5 cm

Nachdem Kubin in seiner Frühzeit grauenerregende Phantasien als Visionen seiner Ängste in ästhetisch äußerst raffiniert ausgewogenen Kompositionen zum Ausdruck gebracht hatte, änderte sich dieser dem Symbolismus verpflichtete Stil um 1908 grundlegend. Seine weiterhin erschreckenden Gesichte bringt er nun in nervösen, teils aquarellierten Federzeichnungen zu Papier. Mit raschen, vibrierenden Federstrichen bedeckt er flächenfüllend das Blatt. Kubin selbst sagt über diese neue Darstellungsweise:

»Hier versuchte ich unmittelbar neue Gebilde nach mir bewußt gewordenen Rhythmen zu schaffen; sie ringelten, knäuelten sich, und platzten gegeneinander. Ich ging noch weiter. Ich verzichtete auf alles bis auf den Strich und entwickelte in diesen Monaten ein seltsames Liniensystem. Ein fragmentarischer Stil, mehr geschrieben wie gezeichnet, drückte es wie ein empfindliches meteorologisches Instrument, die geringsten Schwankungen meiner Lebensstimmung aus. ›Psychographik‹ nannte ich dieses Verfahren.«

Kandinsky äußert sich in seinem Buch *Über das Geistige in der Kunst*: »Zu solchen Hellsehern des Niederganges gehört in der ersten Linie auch Alfred Kubin. Mit unüberwindlicher Gewalt wird man in die schauerliche Atmosphäre der harten Leere hineingezogen. Diese Gewalt entströmt den Zeichnungen Kubins ebenso wie seinem Roman ›Die andere Seite‹.«

33 Paul Klee

Gartenstilleben / Blumensteg, Gießkanne und Eimer, 1910

Aquarell auf Papier, 13,9 × 13,3 cm

»Fast unerträglich ist der Gedanke, in einer epigonischen Zeit leben zu müssen«, schrieb Klee 1902 nach einem die Münchner Studienzeit abschließenden mehrmonatigen Italienaufenthalt in sein Tagebuch. »In Italien war ich fast wehrlos diesem Gedanken ergeben. Jetzt versuche ich in praxis von allem dem abzusehen und als Selbstlehrling bescheiden aufzubauen, ohne nach links oder rechts umzublicken.«

Zunächst entstanden daraufhin graphische Arbeiten vorwiegend satirischen Inhalts, teils tastend aquarelliert, es folgten die sogenannten »Schwarzaquarelle« und schließlich zu Beginn des Jahres 1910 die ersten reinen Aquarelle, in deren Folge auch das *Gartenstilleben* Gestalt gewann.

Zum technischen Verfahren notiert Klee zur gleichen Zeit im Tagebuch: »Sommer in Bern [...] Aquarelle naß in naß auf wasserbestäubtes Papier. Schnelle nervöse Arbeit mit einem bestimmten Klang, dessen Teile über das Ganze verspritzt.« Klee praktizierte diese Technik nur kurz – erst die Begegnung mit Kandinsky 1911 und die Reise nach Tunesien 1914 gaben ihm endgültig die Möglichkeit, in Farbe zu malen.

34 Paul Klee

Föhn im Marcschen Garten, 1915

Aquarell, auf Karton aufgeklebt, 20 × 15 cm

Das besonders eindrucksvolle Blatt, dessen ahnungsvoll schwermütiger Zauber immer von neuem fasziniert, ist wahrscheinlich bei einem Besuch von Klee bei Franz Marc in Ried bei Benediktbeuern im Juli 1915 entstanden. Marc, auf kurzem Urlaub von der Front, verbrachte letzte Sommertage in seinem Haus, und Klee hatte auf dem Weg dorthin, wie er im Tagebuch notiert, die Strecke von Feldafing nach Bernried zu Fuß zurückgelegt.

Die einzelnen Elemente der Komposition geben sich als deutbare Motive zu erkennen: die Hauswand des freistehenden Anwesens rechts, das rote Dach eines Gartenhauses zwischen hohen Tannen und im Hintergrund die pyramidenförmige Silhouette des Rabenkopfes.

Eine auf geometrisch anmutenden, sich teils farblich gegeneinander absetzenden, teils ineinander verfließenden Formen beruhende Bildstruktur wandte Klee erstmals in seinen Tunisaquarellen an und verarbeitete darin geistige und formale Anregungen von Delaunay und Macke. Er selbst notiert Anfang 1915 im Tagebuch: »In der großen Formgrube liegen Trümmer, an denen man noch teilweise hängt. Sie liefern den Stoff zur Abstraktion.« Und im selben Absatz: »Abstraktion. Die kühle Romantik dieses Stils ohne Pathos ist unerhört. Je schreckensvoller diese Welt (wie gerade heute), desto abstrakter die Kunst, während eine glückliche Welt eine diesseitige Kunst hervorbringt.«

KURZBIOGRAPHIEN

Heinrich Campendonk

Geboren am 3. November 1889 in Krefeld, gestorben am 9. Mai 1957 in Amsterdam. – Schüler von Johan Thorn-Prikker an der Kunstgewerbeschule in Krefeld. Übersiedelte auf Veranlassung von Franz Marc im Oktober 1911 nach Sindelsdorf in Oberbayern. Stellte zwei Gemälde in der »Ersten Ausstellung der Redaktion ›Der Blaue Reiter‹« aus. Seit 1916 in Seeshaupt am Starnberger See. 1920 Aufenthalt in Italien. 1922 Rückkehr nach Krefeld. 1926 als Professor an die Düsseldorfer Akademie berufen und 1933 entlassen. Ging zuerst nach Belgien und wurde 1935 Professor an der Reichsakademie für bildende Künste in Amsterdam.

Robert Delaunay

Geboren am 12. April 1885 in Paris, gestorben am 25. Oktober 1941 in Montpellier. – Ausbildung in einem Atelier für Bühnenmalerei. Beschickte seit 1910 den Salon der »Société des Artistes Indépendants«. Stellte vier Gemälde und eine Zeichnung in der »Ersten« und eine Zeichnung in der »Zweiten Ausstellung der Redaktion ›Der Blaue Reiter‹« aus. 1912 besuchten ihn Franz Marc und August Macke in Paris. Im Anschluß an ein Treffen mit Delaunay übersetzte Paul Klee dessen Aufsatz *Über das Licht*. 1914–20 Aufenthalte in Spanien und Portugal. Danach Rückkehr nach Paris.

Alexej von Jawlensky

Eigentlich Alexei Georgijewitsch Jawlenski; geboren am 26. März 1864 in Torschok (Gouvernement Twer), gestorben am 15. März 1941 in Wiesbaden. – Nach Absolvierung der Militärschule 1884 als Leutnant nach Moskau, 1889 nach Petersburg versetzt und gleichzeitig Besuch der dortigen Akademie unter Ilja Repin. 1896 Abschied von der Armee als Hauptmann und gemeinsam mit Marianne von Werefkin nach München. Besuch der Ažbè-Schule. 1897 Bekanntschaft mit Kandinsky, 1903 erste Reise nach Paris. 1905 Zusammentreffen mit Matisse; 1907 Bekanntschaft mit dem Benediktinerpater und Maler Willibrord Verkade, durch den er das Werk des französischen Theosophen Edouard Schuré und Paul Sérusier kennenlernt. 1909 Gründungsmitglied der »Neuen Künstlervereinigung München«, an deren drei Ausstellungen er sich beteiligt. Teilnahme an der vierten vom »Sturm« veranstalteten Ausstellung im Juni 1912 in Berlin. Lebte 1914–18 in der Schweiz. 1921 Trennung von Marianne von Werefkin und endgültiger Wohnsitz bis zu seinem Tode in Wiesbaden. 1924 schließt er sich mit Kandinsky, Klee und Feininger zur Gruppe »Die Blaue Vier« zusammen, 1932 besucht er Kandinsky am »Bauhaus« in Dessau. 1933 erhält er Ausstellungsverbot in Deutschland.

Wassily Kandinsky

Eigentlich Wassili Wassiljewitsch Kandinski; geboren am 4. Dezember 1866 in Moskau, gestorben am 13. Dezember 1944 in Neuilly-sur-Seine (bei Paris). – Studierte Jura und Nationalökonomie in Moskau. Lehnte 1896 einen Ruf als Privatdozent an die Universität Dorpat ab. 1897 Kunststudium bei Anton Ažbè in München, später bei Franz von Stuck an der Münchner Akademie. 1901 Vorsitzender der Künstlervereinigung »Phalanx« und bis 1903 Lehrer an deren Privatkunstschule. 1904–08 Reisen mit Gabriele Münter. 1908 wieder in München und erster Studienaufenthalt in Murnau. 1909 Gründung der »Neuen Künstlervereinigung München«; Dezember 1911 Austritt gemeinsam mit Marc, Münter und Kubin. Ausstellung der »Redaktion ›Der Blaue Reiter‹« und Veröffentlichung des Almanach *Der Blaue Reiter* im darauffolgenden Jahr. Ging 1914 zuerst in die Schweiz, dann nach Rußland. Ende 1915 Reise nach Stockholm. 1917 Heirat mit Nina Andrejewskaja. 1918 Mitglied des Kunstkollegiums am Volkskommissariat und Lehrer an den Kunstindustriellen Werkstätten in Moskau. 1919 Leiter des Staatlichen Museums für Malkultur; bis 1921 mehr als dreißig Provinzmuseen eingerichtet und ausgebaut. 1920 Lehrer für Kunsttheorie an der Universität Moskau. Ende 1921 Rückkehr nach Deutschland. 1922 Lehrer am »Bauhaus« in Weimar, später in Dessau. Nach Schließung des »Bauhauses« durch die Nationalsozialisten 1933 Übersiedelung nach Paris. 1939 erwirbt er die französische Staatsbürgerschaft.

Paul Klee

Geboren am 18. Dezember 1879 in Münchenbuchsee (bei Bern), gestorben am 29. Juni 1940 in Muralto (bei Locarno). – Trotz ausgeprägter musikalischer Begabung – bereits der Knabe wirkte als Geiger im Berner Orchester mit – entschied sich Klee für die Malerei. 1898 Besuch der Privatmalschule von Heinrich Knirr in München. 1900 Schüler von Franz von Stuck. 1901 Reise nach Italien; 1902–06 Bern. 1903–06 Zeichnungen und Radierungen. 1906 Übersiedlung nach München; künstlerische Verwandtschaft mit Alfred Kubin. 1911 Bekanntschaft mit den Mitgliedern der »Neuen Künstlervereinigung München«. 1912 Reise nach Paris, Begegnung mit Robert Delaunay. Stellte siebzehn Arbeiten in der »Zweiten Ausstellung der Redaktion ›Der Blaue Reiter‹« aus. April 1914 mit August Macke und Louis Moilliet Reise nach Tunesien. 1916–18 Etappensoldat. 1920 von Walter Gropius an das »Bauhaus« berufen, wo er erneut mit Kandinsky zusammentraf. 1921 Übersiedlung nach Weimar. 1929 Reise nach Ägypten. 1930 Berufung als Professor an die Düsseldorfer Akademie. 1933 Entlassung und Emigration nach Bern.

Alfred Kubin

Geboren am 10. April 1877 in Leitmeritz, gestorben am 20. August 1959 in Zwickledt (bei Wernstein, Inn). – Nach schwieriger Jugend 1898/99 Studium an der Münchner Akademie. Beeindruckt durch die Graphik von Max Klinger, Francisco José de Goya, Félicien Rops und James Ensor. 1905 Besuch bei Odilon Redon in Paris und Anregung durch das Werk Pieter Breughels im Kunsthistorischen Museum Wien. 1906 Übersiedlung nach Zwickledt. 1908 Niederschrift des Romans *Die andere Seite*. 1909 Gründungsmitglied der »Neuen Künstlervereinigung München« und Beteiligung an deren erster und zweiter Ausstellung; Austritt aus der »Neuen Künstlervereinigung« 1911.

Stellte elf Federzeichnungen auf der »Zweiten Ausstellung der Redaktion ›Der Blaue Reiter‹« aus. Abbildung von drei Federzeichnungen im Almanach *Der Blaue Reiter.* 1918 erscheint *Der Prophet Daniel* bei Georg Müller in München als einziger Teil der von Marc initiierten illustrierten Bibelausgabe.

August Macke

Geboren am 3. Januar 1887 in Meschede (Ruhr), gefallen am 26. September 1914 in Perthes-les-Hurlus (Champagne). – 1904/05 Studium an der Akademie in Düsseldorf, dann an der dortigen Kunstgewerbeschule. Entwürfe für Bühnendekorationen am Düsseldorfer Schauspielhaus. 1907 erste Reise nach Paris mit dem Onkel seiner zukünftigen Frau Elisabeth, Bernhard Koehler. Im Winter Schüler von Lovis Corinth in Berlin. 1908 zweite Reise nach Paris. 1909/10 am Tegernsee. Freundschaft mit Franz Marc und Beziehungen zur »Neuen Künstlervereinigung München«. Mitarbeit an der Redaktion des Almanach *Der Blaue Reiter*. Stellte in der »Ersten Ausstellung der Redaktion ›Der Blaue Reiter‹« drei Gemälde aus, in der zweiten sechzehn Arbeiten. 1911 Übersiedlung nach Bonn. Beteiligung an der »Sonderbund«-Ausstellung in Köln 1912. Im September mit Marc zusammen bei Robert Delaunay in Paris. 1913 acht Monate am Thuner See in der Schweiz. April 1914 mit Paul Klee und Louis Moilliet nach Tunesien. Im August zum Heer eingezogen.

Franz Marc

Geboren am 8. Februar 1880 in München, gefallen am 4. März 1916 bei Verdun. – Nach anfänglichen Vorstellungen, Theologie und Philosophie studieren zu wollen, schließlich Entschluß, Maler zu werden. Studierte 1900–02 an der Münchner Akademie unter Gabriel von Hackl und Wilhelm von Dietz. 1903 erste Reise nach Frankreich ohne unmittelbares künstlerisches Ergebnis. 1910 Ansiedlung in Sindelsdorf (Oberbayern); Freundschaft mit August Macke und Bekanntschaft mit Bernhard Koehler. 1911 Mitglied der »Neuen Künstlervereinigung München«, im Dezember Austritt und Gründung der

Redaktion »Der Blaue Reiter« zusammen mit Wassily Kandinsky. Den beiden Ausstellungen unter diesem Titel im Dezember 1911 und Februar–April 1912 folgt die Herausgabe des Almanach *Der Blaue Reiter* im Mai 1912. Im selben Jahr zusammen mit Macke Reise nach Paris zu Robert Delaunay. 1913 Beteiligung an der Organisation des »Ersten Deutschen Herbstsalons« in Berlin. 1914 Umsiedlung nach Ried bei Benediktbeuern. Dann Kriegsdienst.

Gabriele Münter

Geboren am 19. Februar 1877 in Berlin, gestorben am 19. Mai 1962 in Murnau. – Jugend in Westfalen, Koblenz und auf Reisen in den Vereinigten Staaten. 1901/02 Schule des Künstlerinnen-Vereins München bei Angelo Jank. 1902 »Phalanx«-Malschule, erst bei Wilhelm Hüsgen in der Modellierklasse, dann bei Wassily Kandinsky. 1904–08 Reisen mit Kandinsky. 1908 mit Kandinsky nach Murnau, wo sie ein Haus erwarb, das sie bis zu ihrem Tode bewohnte. 1909 Mitbegründerin der »Neuen Künstlervereinigung München«; Dezember 1911 Austritt. Zeigte sechs Gemälde in der »Ersten Ausstellung« und vierzehn Arbeiten in der »Zweiten Ausstellung der Redaktion ›Der Blaue Reiter‹«. 1914 mit Kandinsky in die Schweiz. 1915 Aufgabe des gemeinsamen Haushaltes Kandinsky-Münter in München; Treffen mit Kandinsky in Stockholm. Nach Kandinskys Rückkehr nach Moskau im Frühjahr 1916 Auflösung ihrer Lebensgemeinschaft. 1917–20 in Kopenhagen. 1920–27 Reisen nach Köln, Berlin, ins Tessin und Engadin. 1929/30 Frankreich. Seit 1931, von wenigen Reisen unterbrochen, in Murnau ansässig.

Arnold Schönberg

Geboren am 13. September 1874 in Wien, gestorben am 13. Juli 1951 in Los Angeles. – War als Komponist und Maler Autodidakt. Begegnung mit Wassily Kandinsky und anschließende Freundschaft seit Anfang 1911. Stellte drei Gemälde in der »Ersten Ausstellung der Redaktion ›Der Blaue Reiter‹« aus und veröffentlichte im Almanach *Der Blaue Reiter* die Handschrift seiner Komposition *Herzgewächse* nach einem Text von Maurice Maeterlinck. Schrieb 1911 seine *Harmonielehre*, 1913 Uraufführung der schon 1902/03 entstandenen *Gurrelieder*. 1926 Berufung als Leiter einer Meisterklasse für musikalische Komposition an die Akademie der Künste nach Berlin. 1933 Emigration nach Paris, ab Herbst am Konservatorium in Boston. Endgültige Übersiedlung nach Los Angeles im Herbst 1934.

Marianne von Werefkin

Eigentlich Marianna Wladimirowna Werewkina; geboren am 11. September 1860 in Tula, gestorben am 6. Februar 1938 in Ascona. – 1883 Studium bei Illarion Prjanischnikow, der Lehrer an der Moskauer Kunstschule war. Seit 1886 Privatschülerin von Ilja Repin in Petersburg. 1891 Bekanntschaft mit Alexej von Jawlensky. 1897 Übersiedlung mit Jawlensky nach München. Wohnung in der Giselastraße 33, deshalb von ihren Freunden die »Giselisten« genannt. Um 1901/02 in Paris, dann wieder in München. In ihrem Salon wurde 1909 die »Neue Künstlervereinigung München« gegründet, an deren drei Ausstellungen sie sich beteiligte. Teilnahme an der 1912 vom »Sturm« veranstalteten vierten Ausstellung. Übersiedlung mit Jawlensky 1914 nach Saint-Prex am Genfer See und 1917 nach Zürich. Seit 1918 in Ascona ansässig. 1921 Trennung von Jawlensky.

AUSWAHLBIBLIOGRAPHIE

Der Blaue Reiter. Herausgeber: Kandinsky, Franz Marc, R. Piper Verlag, München 1912.

Der Blaue Reiter. Herausgegeben von Wassily Kandinsky und Franz Marc. Dokumentarische Neuausgabe von Klaus Lankheit, R. Piper Verlag, München 1965, 7., erneut überarbeitete Auflage 1989 (Serie Piper 300).

Der Blaue Reiter im Lenbachhaus München. Katalog der Sammlung in der Städtischen Galerie, bearbeitet von Rosel Gollek, Prestel-Verlag, München 1974, 4., überarbeitete und erweiterte Auflage 1988.

Der blaue Reiter. Dokumente einer geistigen Bewegung. Herausgegeben von Andreas Hüneke, Verlag Philipp Reclam jun., Leipzig 1986.

Der Blaue Reiter. Herausgegeben von Hans Christoph von Tavel, Ausstellungskatalog Kunstmuseum, Bern 1986.

Lothar-Günther Buchheim, *Der Blaue Reiter und die Neue Künstlervereinigung München*, Buchheim Verlag, Feldafing 1959.

Robert Delaunay, *Du Cubisme à l'Art abstrait*. Herausgegeben von Pierre Francastel und Guy Habasque, S.E.V.P.E.N., Paris 1957.

Johannes Eichner, *Kandinsky und Gabriele Münter. Von Ursprüngen moderner Kunst*, Bruckmann Verlag, München 1957.

Elisabeth Erdmann-Macke, *Erinnerung an August Macke*, W. Kohlhammer Verlag, Stuttgart 1962.

Bernd Fäthke, *Marianne Werefkin. Leben und Werk. 1860–1938*, Prestel-Verlag, München 1988.

Im Kampf um die Kunst. Die Antwort auf den »Protest deutscher Künstler«. Mit Beiträgen deutscher Künstler, Galerieleiter, Sammler und Schriftsteller, R. Piper Verlag, München 1911, 2. und 3. Auflage als *Deutsche und französische Kunst. Eine Auseinandersetzung deutscher Künstler, Galerieleiter, Sammler und Schriftsteller* 1913.

Alexej Jawlensky, »Lebenserinnerungen«, in: Clemens Weiler, *Alexej Jawlensky – Köpfe Gesichte Meditationen*, Dr. Hans Peters Verlag, Hanau 1970.

Alexej Jawlensky 1864–1941. Herausgegeben von Armin Zweite,

Ausstellungskatalog Städtische Galerie im Lenbachhaus, Prestel-Verlag, München 1983.
Kandinsky, *Über das Geistige in der Kunst. Insbesondere in der Malerei*, R. Piper Verlag, München 1912, 2. Auflage 1914; Neuausgabe Benteli Verlag, Bern 1956.
Kandinsky 1901 1913, Verlag Der Sturm, Berlin 1913 (Sturm-Album); Neuausgabe mit einer Einleitung von Ludwig Grote, Woldemar Klein Verlag, Baden-Baden 1955; Neuausgabe als *Kandinsky Rückblicke 1901 1913*, Benteli Verlag, Bern 1977.
Kandinsky, *Das graphische Werk*. Bearbeitet von Hans Konrad Roethel, Verlag DuMont Schauberg, Köln 1970.
Kandinsky, *Catalogue Raisonné of the Oil-Paintings / Werkverzeichnis der Ölgemälde*. Band 1, bearbeitet von Hans K. Roethel und Jean K. Benjamin, C. H. Beck Verlag, London / München / Paris 1982.
Wassily Kandinsky, *Aquarelle und Zeichnungen im Lenbachhaus München*. Katalog der Sammlung in der Städtischen Galerie, bearbeitet von Erika Hanfstaengl, Prestel-Verlag, München 1974, 3. Auflage 1988.
Kandinsky und München. Begegnungen und Wandlungen 1896 – 1914. Herausgegeben von Armin Zweite, Ausstellungskatalog Städtische Galerie im Lenbachhaus, Prestel-Verlag, München 1982.
Wassily Kandinsky / Franz Marc, *Briefwechsel. Mit Briefen von und an Gabriele Münter und Maria Marc*. Herausgegeben, eingeleitet und kommentiert von Klaus Lankheit, R. Piper Verlag, München / Zürich 1983.
Paul Klee, *Tagebücher 1898–1918*. Herausgegeben und eingeleitet von Felix Klee, Verlag M. DuMont Schauberg, Köln 1957.
Paul Klee – Das Frühwerk 1883–1922. Herausgegeben von Armin Zweite, Ausstellungskatalog Städtische Galerie im Lenbachhaus, Prestel-Verlag, München 1979.
Klaus Lankheit, *Franz Marc. Sein Leben und seine Kunst*, Verlag DuMont Schauberg, Köln 1976.
Klaus Lankheit, *Franz Marc Schriften*, DuMont Buchverlag, Köln 1978.
Frederic S. Levine, *The Apocalyptic Vision. The Art of Franz Marc as German Expressionism*, Verlag Harper & Row, New York 1979.

August Macke – Gemälde, Aquarelle, Zeichnungen. Herausgegeben von Ernst-Gerhard Güse, Ausstellungskatalog Münster/Bonn/München, Bruckmann Verlag, München 1987.

August Macke / Franz Marc, *Briefwechsel*, Verlag M. DuMont Schauberg, Köln 1965.

Franz Marc – Katalog der Werke. Bearbeitet von Klaus Lankheit, Verlag DuMont Schauberg, Köln 1970.

Franz Marc, *Briefe aus dem Feld.* Neu herausgegeben von Klaus Lankheit und Uwe Steffen, R. Piper Verlag, München/Zürich 1982 (Serie Piper 233), 2. Auflage 1985.

Franz Marc 1880–1916. Herausgegeben von Rosel Gollek, Ausstellungskatalog Städtische Galerie im Lenbachhaus München, Prestel-Verlag, München 1980.

Gabriele Münter. 1877–1962, Ausstellungskatalog Städtische Galerie im Lenbachhaus, München 1962.

Gabriele Münter 1877–1962. Herausgegeben von Rosel Gollek, Ausstellungskatalog Städtische Galerie im Lenbachhaus, München 1977.

Gustav Pauli, *Erinnerungen aus sieben Jahrzehnten*, Wunderlich Verlag, Tübingen 1936.

Reinhard Piper, *Mein Leben als Verleger. Vormittag – Nachmittag*, R. Piper Verlag, München 1964.

Reinhard Piper, *Das Tier in der Kunst*, R. Piper Verlag, München 1910, 2. Auflage 1921.

Sixten Ringbom, *The Sounding Cosmos. A Study in the Spiritualism of Kandinsky and the Genesis of Abstract Painting*, Acta Academiae Aboensis, Turku 1970.

Arnold Schönberg. Mit Beiträgen von Alban Berg – Paris von Gütersloh – K. Horwitz – Heinrich Jalowetz – W. Kandinsky – Paul Königer – Karl Linke – Robert Neumann – Erwin Stein – Ant. v. Webern – Egon Wellesz. R. Piper Verlag, München 1912, Faksimilenachdruck 1980.

Arnold Schönberg / Wassily Kandinsky, *Briefe, Bilder und Dokumente einer außergewöhnlichen Begegnung.* Herausgegeben von Jelena Hahl-Koch, Residenz-Verlag, Salzburg/Wien 1981; Nachdruck Deutscher Taschenbuch Verlag, München 1983 (dtv 2883).

Gustav Vriesen, *August Macke*, W. Kohlhammer Verlag, Stuttgart 1953, 2., erweiterte Auflage 1957.

Clemens Weiler, *Alexej Jawlensky*, Verlag M. DuMont Schauberg, Köln 1959.
Marianne Werefkin, *Briefe an einen Unbekannten. 1901–1905*. Herausgegeben von Clemens Weiler, Verlag M. DuMont Schauberg, Köln 1960.
Wie sie einander sahen. Moderne Maler im Urteil ihrer Gefährten. Herausgegeben und eingeleitet von H. M. Wingler, Verlag Albert Langen – Georg Müller, München 1957.

ABBILDUNGSVERZEICHNIS

30 August Macke, *Türkisches Café*, 1914
31 Robert Delaunay, *Fenêtre sur la ville*, 1914. Dauerleihgabe der Gabriele Münter- und Johannes Eichner-Stiftung
32 Alfred Kubin, *Schlange im Büro*, 1913. Kubin-Archiv
33 Paul Klee, *Gartenstilleben / Blumensteg, Gießkanne und Eimer*, 1910/47 (B)
34 Paul Klee, *Föhn im Marcschen Garten*, 1915 / 102

Schwarzweißabbildungen im Text auf Seite:

11 Wassily Kandinsky, *Reitendes Paar*, 1907. Öl auf Leinwand, 55 × 50,5 cm
16 Wassily Kandinsky, *Mitgliedskarte der »Neuen Künstlervereinigung München« mit dem Holzschnitt »Felsen«*, 1908/09. Holzschnitt, 12,3 × 14,4 cm (R. 78)
21 Franz Marc, *Plakat zur Ausstellung in Brakls Moderner Kunsthandlung in München*, 1910. Farblithographie, 91,9 × 63,3 cm
28 Gabriele Münter, *Zuhören*, 1908. Bleistift, in einem Skizzenbuch, 6 × 9 cm. Gabriele Münter- und Johannes Eichner-Stiftung
28 Gabriele Münter, *Kandinsky und Erma Bossi am Tisch*, 1910. Bleistiftentwurf, 15,9 × 21 cm
38 Wassily Kandinsky, *Heiliger Georg II*, 1911. Hinterglasbild, 29,8 × 14,7 cm
40 Wassily Kandinsky, *Umschlag zum Almanach »Der Blaue Reiter«*, 1912. Farbholzschnitt, 27,9 × 21,1 cm (R. 141)

Umschlagbild:

Wassily Kandinsky, *Lyrisches*, 1911. Farbholzschnitt, 14,9 × 21,7 cm (R. 98)

Mit Ausnahme von Nr. 8 befinden sich alle abgebildeten Werke in der Städtischen Galerie im Lenbachhaus, München. Der Verlag dankt für die freundliche Überlassung sämtlicher Reproduktionsvorlagen.

Der Blaue Reiter

Herausgegeben von Wassily Kandinsky und Franz Marc.
Dokumentarische Neuausgabe von Klaus Lankheit.
362 Seiten mit 161 Abbildungen. Serie Piper 300

Diese dokumentarische Neuausgabe des berühmten Almanachs, der die Entwicklung der modernen Kunst in Deutschland und dem übrigen Europa entscheidend beeinflußte, wurde besorgt von Klaus Lankheit, em. Ordinarius der Kunstgeschichte an der Universität Karlsruhe und Honorarprofessor an der Universität Heidelberg. Die Ausgabe bietet den vollständigen, unveränderten Originaltext und sämtliche Abbildungen der Ausgabe von 1912, die schon damals im Piper Verlag erschien, sowie einen dokumentarischen Anhang, vor allem einen Katalog sämtlicher Textbeiträge und Abbildungen, wie er den heutigen Erkenntnissen und Erfordernissen der modernen Kunstwissenschaft entspricht.

Wassily Kandinsky / Franz Marc
Briefwechsel

Mit Briefen von und an Gabriele Münter und Maria Marc.
Herausgegeben und kommentiert von Klaus Lankheit.
327 Seiten mit 15 Abbildungen und 8 Farbtafeln. Leinen

Klaus Lankheit
Franz Marc im Urteil seiner Zeit

51 Seiten mit 9 Bildniszeichnungen Franz Marcs von August Macke.
Serie Piper 986

Franz Marc
Briefe aus dem Feld

Neu herausgegeben von Klaus Lankheit und Uwe Steffen.
156 Seiten. Serie Piper 233

Hans von Marées
Briefe

Herausgegeben von Anne-S. Domm.
403 Seiten mit 14 Abbildungen.
Leinen

Reinhard Piper
Briefwechsel mit Autoren und Künstlern
1903–1953

Herausgegeben von Ulrike Buergel-Goodwin und Wolfram Göbel.
605 Seiten mit 49 Faksimiles und Frontispiz. Leinen
